KB180403

외국인을 위한 한국 문학 교육 방법

외국인을 위한 한국 문학 교육 방법

조수진

역락

외국인을 위한 한국 문학 교육은 언어 교육과 함께 세련된 고급의 한국어 담화와 맥락, 문화 중심의 교육에 방향성을 두고 있다. 한국의 대학에 진학하는 외국인 유학생이 증가함에 따라 학문 목적 유학생들을 위한 문학교육의 요구도 높아지고 있다. 또한 한국어를 전문적으로 공부하는 해외 한국어학과에서도 문학교육은 일정 비중을 차지하고 있다. 이처럼 한국어교육에서 외국인을 위한 문학교육의 필요성을 간과할 수 없음에도 불구하고 외국인을 위한 문학교육은 교육 작품의 선정과 학습 목표, 그리고 교육 방안에 이르기까지 많은 과제를 남기고 있다.

이러한 과제를 부여안고 박사과정부터 시도해 온 작은 글들을 모아서 하나의 책으로 묶게 되었다. 여전히 부족하지만 지속적인 연구를 통해서 더 보완할 수 있을 것이라고 기대한다. 이 글이 하나의 연구 방법의 사례로 참고가 되었으면 좋겠다.

내용의 일부를 소개하자면 우선 1장의 글은 이별의 문화적 보편성과 고유성의 특징을 알아보기 위해 원형 상징을 활용하였다. 연구 방법으로 한국인과 중국인을 대상으로 원형 상징에 대한 개념화와 문화적 인식, 전통 사상 등을 기술하게 하고, 그 결과를 바탕으로 김소월의 시에 나타난 '이별'의 양상과 비교하여 보았다.

2장은 황순원의 「소나기」를 대상으로 언어적 측면에서 중국인 학습자의 개념적 은유 양상을 고찰하고 학습자의 문학적 맥락화 양상을 질적으로 접근하였다. 이를 통해 학습자의 경험을 반영한 은유 표현 학습에 주안점을 두고 교수-학습 방안을 설계하였다.

3장은 한국 소설 「소나기」와 중국 소설 『산사나무 아래』를 대상으로 작품에 나타난 '사랑'의 언어 표현을 은유와 환유로 분석하고, 애틋함의 감정 흐름을 분석하였다.

4장은 한국학의 측면에서 현진건의 「운수 좋은 날」과 중국 소설 라오서(老舍)의 『낙타샹즈』를 비교문학적 관점으로 고찰하여 '아이러니'의 문학적 주제를 비교 교육하는 방법이다.

5장은 비교문화적 관점에서 집단주의 문화와 유교적 가치를 나타내는 동양의 '체면' 문화를 고찰하였다. 이를 위해 체면의 기능을 중심으로 채만식 소설과 라오서(老舍) 소설에 나타난 '체면'의 양상을 비교 연구하였다.

6장은 집단주의 문화의 특징으로 나타나는 수줍음과 친밀감을 통계화한 양적 연구의 사례이다. 한국인・중국인・일본인의 수줍음과 친밀감의 감정에는 차이가 있다는 가설에 따라 감정의 척도와 차이점의 원인을 분석하였다.

7장은 집단의 가치관을 내재한 내러티브로 한국과 베트남의 설화를 활용하여 한국에 이주한 베트남 여성결혼이민자를 대상으로 가족문화를 비교하는 교육 내용이다.

이 책이 외국인을 위한 한국어교육을 공부하는 학부 혹은 대학원생들, 외국인들에게 문학을 가르치는 교사들과 일반인들에게 작은 지침이 되었으면 좋겠다. 이 책이 나오기까지 문학교육에 눈을 뜨게 해 주신 임경순 교수님과 양적 연구 방법을 가르쳐 주신 이재은 교수님, 그리고 가족과 여러 선생님들께 감사드린다.

2018년 1월
조수진

| 차례 |

한국어교육에서 김소월 시에 나타난 '이별'의 정서 교육 방안

– 「진달래꽃」, 「초혼」, 「접동새」를 중심으로

1. 한국어교육에서 정서 교육의 필요성

문학은 언어로 표현되며 문학 작품에는 언어와 문화, 문학 본연의 언어적 기능이 내재되어 있다. 한국어교육에서 문학 작품을 학습하는 것은 언어 기능 이상의 것으로 그 나라의 문화를 함의한 문학 본연의 정서 학습까지 고려할 필요성이 있다.

I. A. Richards는 문학 본연의 언어 기능을 정서 언어로 설명한 바 있다. 리처즈는 언어의 기능을 지시 언어와 정서 언어로 분류하였다. 지시 언어는 과학적 사실적 진술로 나타나며 말의 과학적 용법으로 사용된다. 이와 달리 정서 언어는 시처럼 감정과 태도를 불러일으키는 언어를 말하며 정서나 태도의 효과를 위한 정서적 용법으로 사용되며 문학 형식의 언어로 표현된다. 리처즈는 모든 언어는 원래 정서적이었으며 언어의 과학적 용법은 훨씬 뒤에 발달한 것이라고 주장했다.[1] 리처즈는 시(詩)에서 지시 언어

---

1) I. A. 리처즈, 이선주 옮김, 『문학 비평의 원리』, 동인, 2000.
　　정서 언어와 지시 언어는 언어 목적에 따른 상위 개념으로 이해할 수 있다. 이에 따르면 의사소통을 위한 일반적 언어 기능인 말하기, 쓰기, 듣기, 읽기는 행동 방식에 따른 하위

가 태도에 종속되는 명백한 예를 제시하면서 정서 언어의 최고의 형식을 시 작품으로 보았다.

정서 언어를 대표하는 시 작품은 시를 접하는 독자에게 심미적, 경험적 가치를 제공한다. 시의 언어는 사전적 의미에서 한 단계 나아가 함축적이고 다의적인 의미를 내포하면서 시적 맥락을 통해 의미를 파악하게 한다. 이러한 시 텍스트의 고맥락 성격은 시를 읽는 독자들로 하여금 시적 맥락과 상황에 따라 작품 안에서 생략되고 함축된 의미들을 독자의 상상력으로 증폭시키면서 의미를 무한정 확장시키는 기능을 한다. 그렇기 때문에 한 편의 시를 감상한다는 것은 독자들의 경험과 사고를 반영한 심미적이고 경험적인 시적 의미를 수용하는 작업이 될 수 있다.

그럼에도 불구하고 한국의 시를 처음 접하는 외국인 학습자들은 시 장르의 특성상 맥락이 높은 텍스트에 나타나는 의미 해석과 공동체의 정신 문화의 특질로 나타나는 정서를 이해하는 데 어려움을 겪을 수밖에 없다. 한 편의 시에는 다양한 맥락과 문화적인 배경에 따라 다르게 해석되고 수용될 수 있는 정서가 내재되어 있다. 이러한 시적 정서는 문학적 특질로 표현되며 문화적 경험과 사고에 따라 다르게 받아들여지기도 하고 때로는 난해하기까지 하다. 한 나라의 문학을 이해하는 것은 그 문화권의 정신적인 집합물을 수용하는 작업이 될 것이며 정서의 수용은 궁극적으로 문학 작품의 올바른 수용의 길로 인도할 것이다.

한국어교육에서 정서와 관련된 시 교육 논의는 많지는 않지만 정서 교육의 필요성이 제기되고 있다. 한국어교육에서 정서 학습과 관련된 시 교육에 대한 논의로 김지연의 연구를 들 수 있다. 이 연구는 발화의 내적 구조에 주목해 시 텍스트의 배경 지식과 정서 공감을 이끌어내려 하였다. 그리고 한국어교육에서 시 작품의 정서 학습과 문화 학습, 역사 학습의

개념이 된다.

가능성을 제시하고 김소월의 시 「접동새」를 활용 사례로 들었다.[2]

황인교는 한국어교육에서 한국문학을 교육하는데 교사, 학습자 요인을 분석하고 한국어교육에서 학습자 변인에 주목하였다.[3] 한국의 시를 공부하는 학습자와 관련하여 윤여탁은 학습자의 학습 목적에 따라 한국 시 교육을 교양 교육 차원, 문화 교육 차원으로 구분하고 각 목적에 따라 작품별로 김소월의 시를 가르칠 것을 제안하였다. 교양 교육 차원에서 활용될 수 있는 김소월의 시로 「산유화」, 「예전에 미처 몰랐어요」를 예로 들었고, 문화 교육 차원에서는 배경 설화를 모티프로 창작된 김소월의 「접동새」와 판소리 '춘향가'를 모티프로 한 「춘향과 이 도령」, 서도(西道) 민요에 바탕을 두고 창작된 「나무리벌노래」 등을 들었다. 문학교육 차원의 교육은 김소월의 「진달래꽃」을 예로 들면서 이 시를 학습하기 위해서는 한국 현대시의 형식적 특성을 이해하고 정서적으로 동감(同感)할 수 있는 태도가 요구된다고 했다. 그리고 김소월의 대표작인 「초혼」도 전통 시가와 관련시켜 이해해야 한다고 지적했다.[4]

위 연구들을 바탕으로 이 글은 한국어교육에서 학습자들에게 학습된 시 작품으로 공통적으로 논의된 김소월의 시 작품에 주목하여 서로 다른 문화적 환경과 정서를 가진 외국인 학습자들에게 김소월이 표현한 '이별'의 정서를 어떻게 교육할 것인가의 문제에 주목하고자 한다.

이 글에서는 문학적 주제로 나타나는 '이별'의 정서를 고찰한 후 김소월 시에 특징적으로 나타난 '이별'의 정한을 이별에 대한 보편 정서와 '이별'의 특이성으로 나타나는 한국의 고유 정서로 살펴볼 것이다. 그리

---

2) 김지연, 「시(詩)를 활용한 한국어교육의 실제」, 『한국어교육』 제12권 2호, 국제한국어교육학회, 2001, 89-109면.
3) 황인교, 「한국어교육과 한국문학」, 『이화어문논집』 22권, 이화여대 한국어문학연구소, 2004, 5-29면.
4) 윤여탁, 『외국어로서의 한국문학교육』, 한국문화사, 2007.

고 상이한 문화적 정서를 가진 외국인 학습자를 대상으로 김소월 시에 나타난 이별의 정서를 교육하는 방안을 제시해 보려고 한다.

2. '이별'의 문학적 정서

문학 작품을 통해 표현할 수 있는 다양한 정서 중에서 이 글이 김소월의 시에 주목하는 것은 그의 작품이 '이별'과 관련된 정서의 보편성과 고유성을 표현하고 있기 때문이다. '이별'은 인간의 삶을 표현하는 문학적 주제와 밀접한 관련을 가진다. 문학 작품을 통해 '이별'은 연민을 기저로 하는 문학적인 정서로 형성된다. 이별에 관한 문학적 정서는 이별의 양상과 문화에 따른 슬픔의 인식 정도[5])에 따라 비탄과 비애, 우수 등 다양하게 표현될 수 있다.

한국의 전통 시가에서 '이별'은 주로 사랑하는 임과 이별하는 경우와 죽은 이를 추도하는 경우로 나타난다. 신라시대 향가 「모죽지랑가」, 「제망매가」는 각각 화랑의 죽음과 누이의 죽음을 추모하는 이별을 나타낸다. 「정읍사」, 「가시리」, 「서경별곡」과 같은 고려가요는 사랑하는 사람과의 이별을 노래한다. 이와 같은 고려가요 작품 속 화자는 공통적으로 여성이

---

5) 정서가 사회적으로 구성된 문화적 산물이라는 관점에 따른다면 각 문화권이 인식하는 정신문화에 따라 정서가 다르게 표현된다. 이를 테면 이별과 관련된 문화적 정서가 다양하게 표현될 수 있다. 우리가 이별을 할 때 느끼는 보편적인 감정은 슬픔일 것이다. 슬픔(sadness)은 상실감에 대한 정서적인 반응이다. 타히티인의 경우 슬픔이라고 부르는 단어가 없는 대신 'pe' a pe' a'(병들거나 피로하거나 난처하다)고 표현한다. 타히티인은 슬픔을 병의 개념으로 표현하는 것이다. 타히티어에서 슬픔이라는 단어의 부재는 생물학적 의미에서는 '실재하는' 감정일 수 있지만 사회적 중요성이 너무 적어서 질병 및 에너지 결핍과 언어적으로 합쳐진 것이다. 중국에서도 상황에 대한 자신의 반응을 정서적 용어로 '슬픈'이 아닌 신체 용어 '병든'으로 묘사한다.
James W. Karat, Michelle N. Shiota, 민경환, 이옥경, 김지현, 김민희, 김수안 옮김, 『정서심리학』, 시그마프레스, 2007, 63-94면.

면서 떠나는 남성을 기다리며 인내하는 정서로 받아들여지고 있다. 이별의 정한에 대한 여성 화자의 정서는 민요 「아리랑」으로 이어져 한국인의 정서를 대표하는 표현 양식이 되었다.

한국인의 의식구조에 따른 고찰로 이규태는 한국인에게 '이별'이란 '떠난다는 것'과 '마지막'이라는 두 상황이 미분리 상태로 있는 것으로 보았다. 즉, 한국인은 누군가 떠난다는 것이 곧 마지막이라는 인식을 갖는다는 것이다. 그 이유는 정착 농업 생활을 해온 한국인에게 '이별'은 정서적 측면에서 밀도가 높은 떠남이기 때문이다. 그래서 '기차가 떠나는 것'에 많은 정서적 의미를 두는 한국인은 '차가 떠남'이 '마지막 이별'이라는 슬픔의 정서를 형성하며 이별에 대해 유난히 슬퍼하고 이별에 대한 정서적 반응이 크다. 이와 함께 한국인의 가족 중심주의는 가족을 중심으로 구심(求心)적 행동이나 정서를 발달시키는데 가족과의 헤어짐은 '이별'에 대한 정서적 중량을 더욱 무겁게 한다.[6]

'이별'을 포함한 슬픔 표현과 관련된 한국인의 특수 정서 중에서 '한(恨)'의 정서는 한국인에게 이별의 문학적 주제로 논의되어 왔다. 한(恨)의 정서를 논의한 대표적 논자로 천이두는 '한'이 부정적 정서에서 출발하였지만 한국인의 주체 안에 '삭임'의 과정에서 발효된 정서로 '수동적'이면서 극복 의지를 가진 '적극성'을 지닌 '긍정과 부정의 복합체'로 보았다.[7] 특

---

6) 이규태, 『한국인의 의식구조 4』, 신원문화사, 1983.
7) 천이두에 따르면 한(恨)이 긍정적 정서를 나타내는 일례로 한(恨)이 정(情)의 감정으로 연결된 표현이 있는데 시가(詩歌)에서 '다정다한(多情多恨)'을 일례로 들었다. 작품의 용례로 「흥부전」의 흥부는 '한이 많은 사람'이고 '설움이 많은 사람'이라고 표현되고 있음을 지적하고, 이 말은 한이 '설움'이라는 슬픔의 정서와 '정'이라는 긍정의 정서와 연결되어 한국인의 정서에서 '한이 많은 사람'은 '다정다감한 사람'으로 표현될 수 있다고 한다. 이를 통해 영어로 한(恨)이 '분노(resentment)'로도 쓰이며, 일본어로는 '원한(怨恨)' 정도로 번역될 수 있는 점으로 보아서 한국의 한(恨)과 상반된 정서를 가지고 있음을 알 수 있게 한다. 천이두, 「한국적 한의 일원적 구조와 그 가치생성의 기능에 대한 고찰 -한의 용례를 중심으로」, 『한국언어문학』, 한국언어문학회, 1989, 261-294면.

히 그는 김소월 시에 나타난 설움과 슬픔과 관련된 '한'의 정서가 이별의 정한(情恨) 모티프로 작용함을 강조했다.

'떠남'이 곧 '마지막'이라는 한국인의 현실인식이 '이별'의 정한이라는 문학적 주제로 표출된 김소월의 시는 민요 「아리랑」에서 현대시로 이행하는 과정에 위치한다. 근대에 들어서면서 철도의 발달과 먼 거리 이동이 전개됨에 따라 다양한 이별의 양상이 생겨나고 이에 대한 표현 방식도 늘어 가는데[8] 그 지점에 있는 김소월의 시는 작품 전체에 '이별'의 정서가 특징적으로 나타난다. 이와 관련하여 다음 장은 김소월의 작품 중 한국인의 애송시로 손꼽히는 「진달래꽃」과 「초혼」, 「접동새」를 중심으로 작품에 표현된 보편 정서와 '이별'에 대한 한국의 문화적 고유 정서를 살펴볼 것이다. 이를 통해 김소월 시에 나타난 '이별' 정서의 보편성과 고유성을 찾아볼 수 있을 것이다.

3. 「진달래꽃」, 「초혼」, 「접동새」의 '이별' 정서

김소월의 시는 한국인이 애송하는 시로 손꼽혀왔고 대부분의 시가 노래로 만들어져[9] 대중적인 사랑을 받아왔다. 김소월의 시가 한국인의 애송시로 자리 잡은 데에는 한국인들이 거부감 없이 친근하게 느낄 수 있는 정서적 공감대 형성에 있다. 김소월의 시는 형식적인 면에서 민요조 운율을 자유롭게 변주하는 음수율로 한국인에게 친근한 리듬감을 느끼게

---

8) 정우택, 「근대적 서정의 형성과 이별의 양상」, 『국제어문』 38집, 국제어문학회, 2006, 255-286면.
9) 김소월의 시는 노래로 개작되어 대중적인 인기를 얻은 바 있다. 김소월의 시 중에서 노래로 만들어진 시는 다음과 같다. 「진달래꽃」, 「초혼」, 「산유화」, 「못 잊어」, 「엄마야 누나야」, 「개여울」, 「왕십리」, 「나는 세상 모르고 살았노라」, 「님의 노래」, 「부모」, 「비단안개」 등.

한다. 3음보라는 민요조 가락이 내재된 시 특성상 친숙한 한국적 가락이 노래로 만들어지면서 한국 특유의 정서를 더욱 잘 표현할 수 있었을 것이다. 김소월 시의 또 다른 특징은 다양한 원형적 이미지와 한국의 문화 상징[10]을 시의 소재로 하고 있다는 점이다. 원형적 이미지는 시의 보편성을 보여주고 있고, 그의 시에서 찾을 수 있는 문화 상징은 문화적 함의를 내재한 집단의식을 나타내면서 작품 안에서 한국의 독특한 정서를 형성하고 있다. 또한 김소월의 시 작품 중에는 집단적으로 전승된 설화가 작품의 주제의식 구현에 영향을 미치는 작품들을 찾아 볼 수 있다.

「진달래꽃」, 「초혼」, 「접동새」는 김소월의 대표작들이면서 이러한 특징들을 모두 갖추면서 '이별'의 정서를 담고 있는 작품들이다. 세 작품은 공통적으로 문화 상징과 집단 내러티브로 전승해온 설화가 작품에 내재해 '이별'에 대한 문화적 정서를 표현하고 있다. 이와 관련해 각 작품들에 특징적으로 나타난 문화 상징과 집단 내러티브, 그리고 문학적 표현 양상을 중심으로 '이별'을 나타내는 시적 정서를 살펴볼 수 있다. 「진달래꽃」, 「초혼」, 「접동새」의 순서로 논의를 진행하는 것은 이별의 순차성과 심층 정도, 내러티브 표현 양상의 추이에 따른 것이다.

세 작품에 나타난 보편 특징을 고찰하기 위한 선행 작업으로 이 글은 보편성의 개념으로써 '원형(原型)[11]'에 접근하여 김소월의 「진달래꽃」, 「초

---

10) 한국어교육에서 상징과 관련된 시 교육 연구로 김혜진은 한국인의 정신세계 수용 방법으로 '상징'에 주목하였다. 이 연구에서는 상징을 원형 상징, 문화 상징, 개인 상징으로 분류해 김소월의 시에 나타난 원형 상징은 '새', 문화 상징은 '근원 설화 차용', 문학적 특성인 개인 상징은 '임'으로 접근한 바 있다.
김혜진, 「한국어 학습자를 위한 한국 시 교육 연구」, 상명대 석사학위논문, 2008.
11) 표준대사전 정의에 따르면 원형(原型)은 문학 용어로 본능과 함께 유전적으로 갖추어지며 집단 무의식을 구성하는 보편적 상징을 의미한다. 원형은 민족이나 문화를 초월하여 신화, 전설, 문예, 의식 따위의 주제나 모티프로 되풀이되어 나타나는 것으로 오랜 역사 속에서 겪은 조상의 경험이 전형화되어 계승된 결과물이라고 할 수 있다.
심리학자인 융은 원형(archetypus)을 집단적 무의식과 관련해 설명한 바 있다. 융이 말하는 원형은 집단적 무의식을 내용으로 하며 모든 인간에게 동일한 모든 사람에게 존

혼」, 「접동새」에 나타난 원형적 이미지인 '꽃', '돌', '새'를 추출해 한국과 외국 학습자들의 문화적 스키마를 파악해 보았다. 이를 위해 한국인과 외국인을 대상으로 원형 이미지에 대한 생각을 적어보게 하였다. 조사 대상으로 한국인은 한국외대 대학생 20명을 대상으로 했다. 외국인은 한국외대 대학원생과 어학 연수중인 중국인 20명으로 이들은 한국에서 2년-10년 정도 체류한 중급 이상의 한국어 실력을 가진 학생들이다.

우선 '꽃'에 대한 자유연상 결과 한국인과 중국인이 비슷한 답변을 보였다. '꽃'하면 떠오르는 생각으로 아름다움, 봄, 청혼(프로포즈), 향기, 젊음, 사랑, 장미 등을 대답하였다. 다음으로 '돌'에 대한 생각은 한국인은 단단함, 무생물, 우직함, 딱딱함, 차가움, 바다 등을 대부분 이야기하였고 불변, 추억, 시간이라는 답변도 있었다. 중국인의 경우는 대부분 딱딱함이라고 표현하였는데 부정적인 어감으로 무겁다, 아프다, 무뚝뚝함, 까다로움, 변통을 잘 모르는 사람, 심리적인 느낌으로 외롭다, 신중하다는 대답이 있었다. 마지막으로 '새'에 대한 생각은 한국인과 중국인 모두 대부분 자유, 비상, 자연을 언급하였다. 이 조사는 원형으로 나타나는 이미지에 대한 학생들의 문화적 스키마를 파악하기 위한 목적으로 여기서 한국인과 중국인을 비교한 것은 문화적으로 근접한 학습자들이 생각하고 있는 원형 이미지에 대한 보편적인 개념을 파악하기 위한 것이다.

다음 작업은 이별과 관련된 문화적 배경을 알아보기 위해 중국인들을 대상으로 이별의식을 조사하였다. 이별의식과 관련한 질문으로 크게 세 가지 항목을 두었는데 '사랑하는 사람과 이별'할 때와 '누군가의 죽음' 그리고 '죽음 이후의 믿음'에 관한 내용이다. 먼저 '사랑하는 사람과 이별'할 때 한국과 중국 모두 특별한 의식이 없고 개별 방식으로 행동하는 것

재하는 초개인적 성질을 지닌 보편적 정신의 토대를 이루고 있다. 이와 관련해 잘 알려진 원형의 다른 표현은 신화나 민담과 같은 설화의 형태로 나타나게 된다.

으로 나타났다. 다음으로 '누군가 죽은 이후 의식'으로 중국 남부 지역에서는 한국의 초혼(招魂)과 비슷한 의식이 있었고 지역에 따라 하얀 실로 만든 목걸이를 이용하거나 사람들을 불러 공연을 하는 등 다른 양상을 보이고 있었다. 마지막으로 '죽음 이후 믿음'에 대해 중국인들이 가장 많이 대답한 것은 '죽은 영혼이 별이 되어 살아있는 사람을 지켜주고 있다'는 믿음이었다. 그리고 윤회사상과 관련된 환생에 대한 응답이 있었다.

이를 통해 한국과 중국의 경우 사랑하는 사람과 연애할 때 표현 방식에 대한 사고방식이 비슷하지만 이별할 때는 특별한 방식이 없고 개인마다 다른 양상을 나타내는 것으로 보인다. 죽음에 관한 의식으로 한국은 초혼(招魂)의식이 있는데 중국의 경우 지역마다 다른 양상으로 나타났고 자기 나라의 장례의식을 잘 모르는 학생이 많았다. 죽음 이후 믿음에 관해서는 사람이 죽으면 새가 되어 사람 옆에 맴돈다는 한국의 민간신앙과 비교했을 때 중국은 죽은 사람이 별이 되어 살아있는 사람을 지켜 주고 있다는 믿음을 가진 것으로 나타났다.

이와 같이 한국인과 중국인의 설문 조사 결과 '꽃', '돌', '새'와 같은 원형(原型)의 관점에서 이별에 대한 표현의 보편성은 비슷하게 나타났지만 문화적 관점에서 한국과 중국의 이별에 대한 집단의식은 다른 양상을 나타내고 있음을 알 수 있다. 이러한 결과와 관련해 김소월의 「진달래꽃」, 「초혼」, 「접동새」 세 작품에 나타난 이별에 대한 보편성과 한국의 문화적 고유성을 추출해 김소월이 표현하는 이별의 보편성과 고유성의 특징을 알아볼 수 있다.

김소월의 대표작 「진달래꽃」은 한국인들이라면 모두가 알고 있는 대표성을 띤 작품이다. 조사한 바와 같이 '꽃'에 대한 보편성은 아름다움과 사랑, 청혼과 같은 현재 진행 중인 사랑을 표현하며 보통 장미와 같은 꽃을 연상하게 된다. 그런데 「진달래꽃」의 특이한 정서는 '진달래꽃'이 이별하는 상황에서 사랑을 표현하는 꽃이라는 점이다. 그래서 외국인 학습자가 이 시를 접했을 때 시에서 느끼는 이별의 정서를 이해하기 힘들게 한다.[12]

이를 이해하기 위해서는 '진달래꽃'의 문화적 함의를 살펴볼 수 있다. 대부분의 김소월 시가 민요조 형식과 서민적 정서를 내용으로 표현한 바와 같이 「진달래꽃」에서 '진달래꽃'은 작품 전체를 서민적인 정서로 형성하는 문화 상징이 된다.[13] 매화가 예로부터 선비들의 꽃으로 인식되었다면 진달래꽃은 대중적인 꽃으로 산이 많은 한국에서 가장 흔히 볼 수 있는 친숙한 꽃이다. 봄이 되면 한국의 산 지천에 피어있는 진달래꽃을 흔히 찾아볼 수 있으며 진달래꽃을 따서 먹기도 한다. 세시풍속으로 삼월 삼짇날 진달래 화전놀이는 여러 악재를 물리치고 새로운 시작을 알리는 계절적 풍습으로 진달래 꽃잎을 뜯고 뿌리는 행위가 포함되어 있다.

또한 진달래꽃은 한국의 여인들이 좋아하던 꽃으로 이 시는 꽃을 꺾어 사랑하는 임을 향해 바치는 집단적 의식이 근간이 된다. 한국에서 진달래꽃은 일찍이 신라 성덕왕 때 수로 부인에게 절벽에 핀 꽃을 꺾어다 바친 암소를 몰던 노인이 지어 불렀다는 일화를 남긴 「헌화가」에 등장한다. "자줏빛 바위 가에 / 잡은 손 암소 놓게 하시고 / 나를 아니 부끄러워 하신다면 / 꽃을 꺾어 바치오리다." 이렇게 「헌화가」에 나타난 아름다운 여인에게 꽃을 꺾어 바치는 노인의 소박한 마음은 헌신적인 사랑에 대한

---

12) 이규태는 미국인에게 김소월의 「진달래꽃」을 읽어보게 하고 그 반응을 본 결과 대부분의 미국인들이 이 시의 정서와 아름다움을 느끼지 못한 사례를 들었다. 그 이유는 자신이 싫어서 가는 사람 가게 둔다는 첫 구절부터 합리적 사고를 하는 미국인들에게는 당연하게 느끼게 되어 미적 정서가 끼어들 틈이 없고, 가는 사람 앞에 꽃을 뿌리는 행위는 마치 찬양하고 환영하는 의미로 받아들였다는 것이다. 이규태, 앞의 책, 334면.
13) 흔히 진달래꽃을 두견새의 전설과 관련해 두견화라고 부르기도 한다. 중국에서는 두견화를 비극의 정서를 담은 꽃으로 여기는데, 두견새의 피울음에서 피어난 꽃이라는 고사(古事)와 관련이 있다.

민중들의 이야기로 전해진다.14) 그렇기 때문에 김소월의 시 「진달래꽃」
에 나타난 진달래꽃은 한국 사람들에게 가장 친숙한 대중적인 꽃으로 이
러한 집단적 무의식 속에서 형성된 '헌화'를 의미한다. 이 시에서 진달래
꽃은 사랑하는 사람과 이별하면서 헌화하는 꽃으로 표현되고 있다. 이별
할 때 꽃을 건네는 행동은 보편성의 관점으로 볼 때 사랑하는 사람을 붙
잡는 행동으로 받아들여질 수 있다.

따라서 「진달래꽃」에 표현된 '진달래꽃'은 한국 사람들에게 가장 친숙
한 꽃으로 대중적인 정서를 형성하고 있으며, 이 시에서는 진달래꽃이 진
달래꽃과 관련된 개인적 경험과 문화적 집단의식을 함의한 주요 소재가
된다. 그리고 이별할 때 꽃을 뿌리며 이별을 만류하는 행동은 앞 장에서
논의한 바와 같이 오랜 정착생활을 통해 이별이 익숙하지 않은 한국에서
사랑하는 사람과 '이별'이 영원히 마지막일 수 있다는 문화적 정서 인식
에서 비롯한 것이다. 이 시에서 이별을 받아들이면서 적극적으로 부정하
는 표현방식은 한국적인 '한'의 정서와 결합되어 이별을 인정하되 자신의
사랑은 아직 현재진행형이며 떠나는 임을 절대로 보낼 수 없다는 소극적
인 적극성의 태도로 나타나고 있다.

김소월의 또 다른 대표작 「초혼(招魂)」은 죽음이라는 이별의 또 다른 양
상을 보여주고 있다. 보편성의 관점에서 '이름'을 부르는 행위는 그 사람

---

14) 이상희는 「헌화가」의 꽃이 진달래꽃이라는 근거를 설명하고 있다. 신라 향가 「헌화가
(獻花歌)」에는 척촉(躑躅)의 꽃이 등장한다. 여기에 나오는 척촉은 보통 철쭉으로 번역
되고 있으나 이를 진달래꽃으로 보아야 한다는 설이 있다. 그것은 첫째로 옛날에는 진
달래를 한명으로 '척촉(躑躅)'으로 기록하였고 오늘날에도 지방에 따라서는 진달래는
참꽃이라 하여 진달래를 철쭉을 가리키는 곳이 있다는 것이고, 둘째로 진달래는 우리
나라에서 어디서나 볼 수 있는 흔한 꽃일 뿐만 아니라 우리나라 여인들이 좋아했던 꽃
은 철쭉꽃이 아니라 진달래꽃이었으며 오늘날에도 진달래꽃을 머리에 꽂거나 꽃병에
꽂는 일은 있지만 철쭉꽃은 좀처럼 그런 일을 볼 수 없다는 것이다. 이러한 증거를 통
해 수로부인이 꺾어 주기를 바랐던 꽃은 철쭉꽃이 아니라 진달래로 추론할 수 있다.
이상희, 『꽃으로 보는 한국문화 ③』, 넥서스, 1998, 149면.

의 존재를 각인시키는 행동이 된다. 그리고 이 시의 모티프가 되는 망부석 전설의 원형적 이미지인 '돌'은 굳은 의지를 나타내며 지상에서의 영원한 기다림을 의미한다.

그런데 이 시의 특이성은 '초혼(招魂)'이라는 작품 제목이 의미하듯이 '이름'을 부르는 행위가 죽은 사람의 혼을 부르는 것으로 사람이 죽으면 혼이 나가는 것이라고 믿는 민간 신앙과 관련이 깊다. 한국에서 죽은 자의 혼을 다시 불러들이는 고복의식은 죽음에 대한 한국인의 의식을 보여준다. 고복의식으로서 '초혼'은 죽은 사람의 생사를 되돌리는 제례적 행위로, 죽음을 확인하는 절차이다. 임종 직후 죽은 이가 살았을 때 입던 저고리를 들고 오른손을 허리에 대어 (가깝게는) 지붕에 올라서거나 마당에서 북쪽을 향해 "○○○시 ○○○구 ○○○동 ○○○번지 ○○○(망인의 이름) 복(復) 복(復) 복(復)!"하고 부른다.[15] 이것은 허공에 떠서 저승으로 가고 있는 혼을 돌아오라고 부르는 행위로서, 불러도 혼이 돌아오지 않고 죽은 사람이 깨어나지 않으면 발상을 한다고 말한다. 죽음을 영원한 이별로 생각하는 현세중심적인 한국인의 세계 인식에서 죽음을 받아들이는 절차가 필요하며, 살아있을 때 가장 듣기 좋아했던 이름, 가장 높은 지위를 불러주는 행위 역시 한국인의 현세 의식을 반영한다. 김소월의 시 「초혼」에서 '초혼'이라는 고복의식은 죽음을 영원한 이별로 인식하는 한국인의 정서를 표현하는 문화적 함의가 된다.

마지막으로 김소월의 대표작 「접동새」는 접동새와 관련된 한국의 민간전승 설화를 작품의 전면에 차용하고 있다. 자유를 상징하는 '새'에 대한 보편적 생각과 비교했을 때 한국에서는 고대에 사람이 죽으면 새가 되어저 세상으로 간다는 민간신앙이 있어 설화의 모티프로 등장한다.[16] 서양

---

15) 임경순, 『한국문화의 이해』, 한국외국어대학교출판부, 2009, 173면.
16) 중국 학생들의 설문 결과 중국에서 사람이 죽으면 별이 된다는 이야기가 많고 <양산

의 파랑새는 희망의 상징이지만 한국에서 파랑새는 슬픈 정조를 나타낸다. 또한 서양은 '새가 노래한다'고 표현하지만 한국은 '새가 운다'고 표현해 새와 관련된 정서 인식이 다르게 나타난다.

김소월의 「접동새」는 밤에 우는 새인 접동새 전설에 얽힌 이야기를 시적 화자가 독자에게 들려주는 서술 방식으로 표현하고 있다. '새'의 원형적 이미지가 일반적으로 자유와 비상을 상징한다고 한다면 접동새 전설에 등장하는 접동새는 파란 하늘을 자유롭게 날아다니는 새가 아니라 계모의 분신인 까마귀를 피해 '남 다 자는 밤이 깊으면 이 산 저 산 다니며 아홉 동생을 못 잊어 슬피' 울 수밖에 없는 죽어서도 비극적인 운명을 지닌 새이다. 이 작품에서 죽은 누이의 분신인 '새'는 살아있는 아홉 명의 동생 주변을 맴도는 존재로 등장하며 그 존재를 드러내는 시간은 오로지 사람들이 모두 다 자는 '밤'에만 허용된다. 여기서 「접동새」에 나타난 '새'의 특이성은 '산 자와 죽은 자 사이 관계의 단절'을 나타내면서 가족과 관련된 비극적인 정서를 형성하는 소재가 된다는 점이다.

따라서 「접동새」는 집단의 내러티브인 설화를 시의 전면에 내세우면서 집단의식 속에 형성된 새와 관련된 민간신앙을 통해 운명론적 슬픔을 표현하고 있다. 이와 같은 운명론적 슬픔의 정서는 한국의 가족중심주의 문화와 결합해 죽어서도 가족 주변을 떠나지 못하는 누나의 운명에 대한 비극적 정서가 한층 강화되어 나타난다.

이상과 같이 이별을 주제로 하는 김소월의 대표작 「진달래꽃」, 「초혼」, 「접동새」에 나타난 이별의 정서를 살펴보았다. 세 작품에 나타난 표현 방식 중 보편성의 측면은 각 작품에 나타난 '꽃', '돌', '새'의 원형적 의미

박과 축영대> 이야기에서 볼 수 있듯이 죽어서 나비가 된다는 이야기가 있지만 사람이 죽어서 새가 된다는 이야기는 찾아보기 힘들다고 한다. 이에 비해 몽골의 경우 사람이 죽어 새가 된다는 이야기가 많다.

를 문화적 스키마로 접근했고, 고유성의 측면은 「진달래꽃」의 경우 진달
래꽃이 주는 정서와 「초혼」의 고복의식, 「접동새」의 민간신앙과 같은 문
화적 함의와 집단 무의식을 반영하는 근원설화를 통해 김소월 시에 나타
난 이별의 정서 표현 방식을 살펴보았다. 이를 통해 김소월의 시는 보편
정서보다 한국인의 특수 정서로 이별의 정한이 표현되고 있음을 알 수
있었다. 그러므로 김소월의 시가 한국인이 좋아하는 시 작품이 된 데에는
'이별'의 정서에 대한 한국의 고유성에 기인한 것으로 볼 수 있다.

4. '이별'에 관한 정서 교육 방안

앞장에서 고찰한 바와 같이 「진달래꽃」은 사랑하는 '임'과 이별하는 상
황에서 꽃을 헌화함으로써 이별을 긍정하면서도 부정하는 한국인의 '한
(恨)'과 관련된 이별의 정한이 정서적 특징으로 나타난다. 이에 비해 「초혼」
의 이별은 죽음이 곧 마지막이라는 한국인의 현세중심 사고를 보여주고
있다. 더 나아가 「접동새」는 죽음 이후 이별 상황으로 한국에서 사람이
죽으면 '새'가 된다는 민간신앙이 작품의 배경 설화로 나타난다. 이 작품
에서 '접동새'는 죽어서도 자유롭지 못하고 가족 주변에 머물 수밖에 없
는 비극적인 운명을 보이는데 한국인의 가족중심주의 사고의 일면을 알
수 있게 한다.

이를 근간으로 한국어교육에서 김소월 시의 이별에 대한 시적 정서를
교육하는 방법론적 논의를 전개해 볼 수 있다. 그 작업으로 시 텍스트를
통한 문화적 정서 학습과 시적 언어로서 문학 작품의 정서 학습이라는
학습목표를 설정할 수 있다. 시 텍스트는 고맥락적 성격을 가지고 있기
때문에 작품 감상 이전에 작품에 생략되고 함축된 언어와 문화적 배경을

학습해야 한다. 이를 바탕으로 김소월의 「진달래꽃」, 「초혼」, 「접동새」를 감상하기 위해 '언어 학습', '문화 학습', '설화를 통한 집단의식 학습', '문학 작품에 표현된 정서 학습', '정서 표현 학습'이라는 단계별 학습 목표를 설정한 후 이에 대한 구체적인 방안을 모색할 것이다.

먼저 '언어 학습' 단계는 외국인에게 언어적으로 가장 어렵게 느껴질 수 있는 시어의 학습으로 고맥락의 시적 언어를 맥락화하는 작업이다. 문맥의 유추를 통해 학습자는 시적 언어를 학습하면서 일상어와 차이점을 인지할 수 있고 언어적인 시적 정서를 느낄 수 있다.

다음 단계는 '문화 학습'으로 문화적 요소로 나타나는 보편 특징과 개별 특징을 외국인 학습자가 이해하는 것이다. 보편 특징은 「진달래꽃」, 「초혼」, 「접동새」에 나타난 원형 이미지인 '꽃', '이름', '돌', '새'를 추출해 대상에 대한 연상 작용을 함으로써 의미를 확장하면서 상상력을 증진시킬 수 있다. 이때 각 문화권에 따라 다르게 나타나는 문화적 스키마로 접근함으로써 보편 특징 속에서 또 다른 문화적 특징을 발견할 수 있다.

개별 특징은 세 작품에 나타난 한국의 고유성으로 드러나는 문화적 특징으로 「진달래꽃」의 대중적 정서와 이별인식, 「초혼」의 고복의식, 「접동새」의 민간신앙을 학습할 수 있다. 이러한 문화적 특이성은 문화 맥락에서 접근이 가능하며 외국인 학습자에게 새로운 문화에 대한 호기심을 유발할 수 있다. 이 단계는 비교문화적 관점에서 문화 차이를 발견하면서 작품의 정서를 이해하는데 도움을 줄 수 있다.

다음 단계로 '설화를 통한 집단의식 학습'은 작품 감상을 위한 이야기 학습이다. 「진달래꽃」의 경우 「헌화가」의 노인 설화를 학습하면서 진달래꽃이 사랑하는 사람에게 바치는 '헌화'의 의미가 있음을 알게 한다. 그리고 꽃을 '헌화'하는 상황에 대해 생각해 보게 한다. 「초혼」에서는 사랑하는 사람을 기다리다가 돌이 되는 망부석 설화를 학습하면서 지상에서

'영원'을 바라는 집단의식을 읽어낼 수 있다. 「접동새」는 접동새 설화를 통해 사람이 죽어서 새가 된다는 민간신앙과 한국인의 가족중심 사고를 학습할 수 있다.

다음의 '정서 학습' 단계는 작품을 감상하는 단계로 외국인 학습자가 한국 문학 작품을 감상하기 위해 필요한 작품의 정서 학습이다. 김소월 작품 전체의 정서가 그러하듯 「진달래꽃」, 「초혼」, 「접동새」는 '이별'의 정한을 주제로 하며 각 작품에 나타난 이별의 상황과 심층 정도에 따라 이별의 문화적 정서를 읽어낼 수 있다. 우선 「진달래꽃」은 사랑하는 '임'과 이별하는 상황에서 꽃을 헌화하는 역설적 상황임을 이야기하고 이별을 긍정하면서도 부정하는 한국인의 '한(恨)'과 관련된 이별의 정한에 대한 역설 어법 표현을 교육한다. 다음으로 「초혼」의 이별은 죽음이 곧 마지막이라는 한국인의 현세중심주의 사고를 나타낸 것이며 죽음에 대한 슬픔을 '비탄'으로 표현하고 있고, 지상에서 영원히 함께 함을 바라는 현세주의 정서로 교육한다. 마지막으로 「접동새」는 죽음 이후 이별 상황으로 한국에서 사람이 죽으면 '새'가 된다는 민간신앙과 한국인의 가족중심주의 사고가 작품의 상황을 운명론적 슬픔으로 표현하고 있음을 교육할 수 있다.

마지막 '정서 표현' 단계는 학습자의 정서 수용과 정서 표현 단계로 볼 수 있다. 학습자는 각 작품에 나타난 이별의 정서를 수용한 후 작품에 나타난 정서 표현을 자신의 경험과 결부시켜 상상력을 이용해 자신의 표현 방식으로 재구성할 수 있다.

이상과 같이 외국인 학습자의 시 작품 학습을 단계별 학습 방안으로 정리하였다. 실제 한국어교육 현장에서 시 작품은 소설 작품에 비해 시간 제약을 덜 받는 대신 고맥락 텍스트이기 때문에 텍스트에서 생략된 언어와 문화 맥락을 파악하지 못하면 작품을 이해할 수 없게 된다. 그래서 시 작품을 학습할 때는 작품 감상 이전에 언어와 문화적 배경지식을 학습할 필요가 있다.

이 글에서 제시된 김소월의 세 작품에는 공통적으로 설화가 내재되어 있는 데 작품 감상을 위해 설화를 통한 집단의식 학습이 선행되어야 한다.

이를 고려하여 개별 작품 학습에서 시 작품의 교수-학습 설계를 다음과 같이 정리할 수 있다. 대상 학습자는 한국어를 배우는 중급 이상의 외국인 고급 학습자로, 수준 높은 한국어 구사와 한국 문화에 대한 요구가 높은 외국인 학습자와 한국학을 전공하는 외국인 학습자, 해외 한국어학과 학생들이 주요 교육 대상이 된다. 교수-학습 설계는 각 작품의 수업마다 2차시로 구성하여 1차시에는 시적 언어 이해를 위한 문화적 정서학습과 설화 학습에 주안점을 두었고, 2차시는 문학 작품의 정서 학습을 목표로 설정하였다.

교수 방법론의 측면에서 Carter & Long이 구분한 문화 모델은 일반적으로 교사 중심, 전달 중심의 교육방법과 연관되며 학생들이 정보를 얻는 법을 배워야 하는 하나의 결과물로서 텍스트에 집중한다. 그리고 언어 모델과 개인성장 모델은 교수 방법의 측면과 밀접한 관련이 있는데 두 모델은 학습자 중심의 교수 방법으로 개인의 경험과 연관시켜 동기화하는 데 맥을 함께 한다.[17]

이를 근간으로 다음에서는 언어와 문화, 개인성장의 학습목표를 통합하는 '정서' 학습에 목표를 두고 1차시에는 언어와 문화적 배경지식과 관련한 언어 모델과 문화 모델을 통합한 교수 방법으로 수업을 설계하였다. 그리고 2차시는 시 작품을 감상하면서 문학텍스트의 정서를 개인의 경험과 연관시켜 정서를 표현하는 정서 교수 방법으로 설계하였다. 여기서 1차시의 문화 학습은 집단의식과 관련된 비교문화적 관점으로 수업이 진행될 것이고 언어와 설화 학습은 학습자가 이야기를 구성하는 협동학습으로 수업이 진행될 것이다. 그리고 2차시 정서 학습은 시 텍스트에 표현된 정서를 학습자가 수용한 후 개인의 경험과 관련하여 유사한 경험을

---

17) Carter & Long, *Teaching Literature*, Hong Kong, Longman, 1991, pp. 8-10.

표현하는 방법으로 전개될 것이다. 「진달래꽃」과 「초혼」, 「접동새」의 교수-학습 설계는 아래와 같다.

「진달래꽃」의 교수-학습 설계

1 차 시	언어 학습	- 학생들에게 선수학습으로 「진달래꽃」에 나타난 이별의 정서와 관련된 다음과 같은 표현을 주고 문맥을 유추해 의미를 생각해 본다. (역겹다, 고이 보내다, 꽃을 한 아름 따다, 눈물을 아니 흘리다)
	문화 학습	**보편 특징:** 학생들에게 '꽃'에 대한 연상 작용으로 시적 연상을 통해 상상력을 증진시킨다. - 미인, 사랑, 아름다움 등 - 보통 어떤 상황에서 '꽃'을 선물하는가? **개별 특징:** - 자기 나라에서 많은 사람들이 좋아하는 대표적인 꽃은 무엇인가? 그 꽃은 어떤 꽃인가? 학생들에게 진달래꽃을 보여주고 이 꽃이 어떤 의미가 있을지 생각을 말하게 한다. 한국인들이 생각하는 진달래꽃에 대한 문화적 함의를 제시한다. 생활문화: 봄, 화전놀이　　　　　　정신문화: 헌화 　　　　　　　　진달래꽃 감정: 친숙함　　　　　　　　정서: 대중적
	설화 학습	「헌화가」의 노인에 대한 설화를 교육한다. [학습 전] 설화를 읽기 전에 절벽에 핀 진달래꽃과 여인, 노인과 관련된 그림을 주고 학습자들에게 어떤 이야기가 전개될 것인지 그룹으로 이야기를 만들게 한다. [설화 학습] 「헌화가」를 제시하면서 노인과 수로부인에 대한 이야기를 소개한다. 여기서 꽃이 사랑하는 사람에게 바치는 '헌화'의 의미가 있음을 학습한다. [학습 후] 사랑하는 사람에게 '헌화'하는 상황과 이별하는 상황에서 바치는 '헌화'가 어떤 의미가 있는지 생각해 보게 한다.

2 차 시	정서 학습	시 낭송으로 작품을 먼저 듣고 작품의 분위기를 파악한다. 시를 소리 내어 읽는다. 시를 3음보씩 끊어 읽어 리듬감을 느끼게 한다. 시를 읽은 후 작품에서 어떤 상황인지 상상해서 말하게 한다. - 시에서 말하는 사람의 이별에 대한 태도가 어떠한가? - 이별하는 상황에서 뿌리는 '꽃'은 어떤 의미가 있는가? - 이별의 슬픔을 시에서 어떻게 표현하고 있는가? 　오랜 정착생활을 해온 한국인에게 '떠남'은 곧 '마지막'이라는 인식이 이별을 정서적으로 깊이 다가오게 하며, 이러한 인식이 「진달래꽃」에서처럼 이별하는 상황에서 꽃을 '헌화'함으로써 이별을 긍정하면서도 부정하는 한(恨)의 정서와 연관됨을 도출한다.
	정서 표현 학습	「진달래꽃」에 나타난 역설 표현이 주는 의미를 생각해 본다. - 상황적 역설: 이별하는 상황에서 꽃을 헌화하는 행동에 대한 느낌이 어떠한가? - 언어적 역설: 이별의 슬픔을 반대로 말하고 있는 시의 표현 방법을 어떻게 생각하는가? 「진달래꽃」에 나타난 이별 상황을 적용하여 만일 자신이 사랑하는 사람과 이별한다면 이별에 어떻게 대처할 것인지에 대한 의견을 나누고, 이 시에서 보이는 이별의 태도와 비교해 이야기한다.

<초혼>의 교수-학습 설계

1 차 시	언어 학습	- 학생들에게 선수학습으로 「초혼」에 나타난 '비탄'의 정서와 관련된 다음과 같은 표현을 주고 문맥을 유추해 의미를 생각해 본다. (산산이 부서지다, 허공, 심중에 남아있는 말, 부르다가 내가 죽다, 슬피 울다, 설움에 겹다, 선채로 이 자리에 돌이 되다)
	보편 특징	보편 특징: 학생들에게 '이름'에 대한 시적 연상을 통해 상상력을 증진시킨다. 존재, 의미, 있다/없다, 구분 등 - 누군가의 이름을 부르는 행동은 무엇을 뜻하는가?

	문화 학습	서로의 존재를 알아가는 과정과 이름을 부르는 행동을 연관시킨다. **개별 특징:** - 자기 나라에서 죽은 사람을 떠나보내는 의식은 무엇인가? 어떤 생활문화가 있는가? 　학생들에게 초혼과 관련된 사진을 보여준다. 지붕 위에 올라간 사람과 그 사람이 손에 들고 있는 것, 그 사람이 무엇을 하고 있을지 유추하여 생각을 말하게 한다. 생활문화: 고복의식　　　　　　정신문화: 영혼의식 초혼 감정: 비탄　　　　　　　　　정서: 현세적
	설화 학습	[학습 전] 학생들에게 '돌'에 대한 연상 작용으로 의미를 이끌어낸다. 단단함, 굳음, 영원함 등 망부석 사진을 보여주고 학습자들에게 이 돌에 어떤 이야기가 있는지 상상해서 말하게 한다. [설화 학습] 신라 시대 박제상의 아내가 남편을 기다리다가 돌이 되었다는 망부석 설화를 학습한다. [학습 후] 설화는 옛날부터 집단적으로 전해 내려온 이야기라는 것을 학습자에게 인식시킨다. 망부석 설화를 통해 지상에서 '영원'을 바라는 현세적인 집단의식을 읽어내게 한다.
2 차 시	정서 학습	시 낭송으로 작품을 먼저 듣고 작품의 분위기를 파악한다. 시를 소리 내어 읽는다. 시를 3음보씩 끊어 읽어 리듬감을 느끼게 한다. - 시적 화자가 지금 무엇을 하고 있는가? 죽은 사람에게 살았을 때 가장 높은 지위나 좋았던 이름을 다시 부르는 행동은 어떤 의미가 있을지 생각해 본다. - 죽음은 영원한 이별이라고 생각하는가? 죽음과 이별에 대한 자신의 생각을 이야기하게 한다. 이와 관련해 한국인의 현세의식을 생각해 보게 할 수 있다.
	정서 표현 학습	- 시적화자는 지금 어떻게 말하고 있는가? 죽음이라는 이별에 대한 비탄과 상실을 표현하는 시적 화자의 정서를 이해한다.

		- 시 패러디하기 활동 「초혼」 시를 패러디하며 무언가를 상실했거나 죽음과 같은 상황에서 자신이 가장 비탄을 느꼈을 때를 상상하여 시 속의 정서를 표현하게 한다.

<접동새>의 교수-학습 설계

1 차 시	언어 학습	- 학생들에게 선수학습으로 「접동새」에서 가족과 관련된 정서가 나타난 다음과 같은 표현을 주고 옛날 표현은 현대어로 바꾸어 제시한 후 문맥을 유추해 의미를 생각하게 한다. (의붓어미-새엄마, 아우래비-아홉 오라비-아홉 동생, 시샘에 죽다, 불설워-서러워, 접동새, 차마 못잊어, 야삼경, 슬피 울다)
	문화 학습	**보편 특징:** 학생들에게 '새'에 대한 시적 연상을 통해 상상력을 증진시킨다. 자유, 비상, 슬픔, 기쁨 등 **개별 특징:** - 자기 나라에서는 사람이 죽어서 새가 된다는 이야기가 있는가? 새에 관한 민간 신앙이 있는지 알아본다. 학생들에게 접동새에 대한 민간신앙을 설명하고 한국인들이 생각하는 접동새에 대한 문화적 함의를 제시한다. **생활문화:** 밤, 마을 **정신문화:** 민간신앙 접동새 **감정:** 슬픔 **정서:** 비극적 운명론
	설화 학습	[학습 전] 접동새, 까마귀, 의붓엄마, 누나, 아홉 명의 동생 등이 그려진 그림을 보여 주고 학습자들에게 이야기를 상상하게 한다. [설화 학습] 새어머니가 아홉 명의 동생을 둔 누나를 괴롭혀 죽였다. 누나는 죽어 접동새가 되었고 새엄마는 까마귀가 되었는데 누

		나는 새엄마가 무서워 까마귀가 잠든 밤에만 나와 아홉 동생을 못 잊어 슬프게 운다는 전설을 교육한다. [학습 후] 이 설화에서 알 수 있듯이 가족을 중심으로 생각하는 한국 인의 집단의식을 교육한다. 죽어서도 누나는 새엄마를 무서워하고 가족이 있는 곳을 떠나지 못하는 비극적 운명을 이야기할 수 있다.
2 차 시	정서 학습	시 낭송으로 작품을 먼저 듣고 작품의 분위기를 파악한다. 시 를 소리 내어 읽는다. 시를 3음보씩 끊어 읽어 리듬감을 느끼 게 한다. - 이 시에서 접동새는 어떤 새인가? 학습자들이 시에 표현된 설화를 바탕으로 접동새의 현재 처지를 설명하게 한다. - 접동새가 남들 다 자는 밤에만 나와 우는 이유는 무엇일까? 설화에서 학습한 것과 연관해 접동새가 밤에 우는 사연을 이야기 하게 한다. - 누나의 죽음 이후 가족은 서로 만날 수 있는가? 누나는 사람이 없는 밤에만 나와 울기 때문에 가족과 만날 수 없 는 비극적 운명임을 이해한다. - 이 작품에서 이별은 어떻게 나타나는가? 살아있는 동생들은 낮에 활동하고, 죽은 누이 분신인 접동새는 밤에 울기 때문에 서로 만날 수 없는 단절된 비극적 운명임을 교육한다.
	정서 표현 학습	전설이라는 이야기가 주는 정서적 효과를 살펴본다. 자기 나라에서 죽음 이후에 대한 민간신앙이 담긴 이야기를 소개 하고, 그에 대한 생각을 「접동새」 이야기와 비교해 의견을 나눈다. 이를 통해 이 시에 표현된 죽음 이후에 대한 생각이 자기 나라와 어떻게 다른지 자기나라의 경우와 비교한다. 그리고 시에 나타난 가족과 관련된 운명론적 정서를 이해한다. 마무리 작업으로 「진달래꽃」, 「초혼」, 「접동새」에 나타난 이별의 표현을 비교하고, 각 시에서 느끼는 이별에 관한 슬픔의 강도를 비교하여 이야기한다.

5. 결론

이 글은 여러 정서 중에서 김소월의 시 전체의 정서로 나타나는 '이별'의 정서에 주목하여 김소월 시에 나타난 이별 정서의 보편성과 고유성의 특징을 살펴보고 한국어교육에서 김소월 시에 나타난 이별의 정서를 교육하는 방안을 모색하였다. 한국어교육에서 김소월의 시는 개별 단위로 교수되어 외국인에게 한국을 대표하는 시로 소개되는데 그치고 있으며 기존 연구도 개별 작품 교육으로 논의되었다. 이러한 배경에서 이 글은 김소월의 대표작 「진달래꽃」, 「초혼」, 「접동새」 세 작품을 연계하여 김소월 시에 전반적으로 나타난 이별의 정서를 살펴보고 외국인에게 김소월의 시에 나타난 '이별'의 정서를 교육하는 방안을 모색하였다.

이를 위해 문학적 정서로 나타나는 '이별'의 정서를 한국의 문화적 정서와 관련한 고유성의 특징으로 살펴본 후 한국인과 외국인의 문화적 스키마를 도출함으로써 김소월 시에 나타난 이별 정서의 보편성과 고유성을 확인할 수 있었다. 그리고 이별에 관한 김소월의 세 작품을 연계하여 김소월 시에 표현된 이별의 심층성과 고유성의 특징을 외국인 학습자에게 교육하는 교수-학습 방안을 설계하였다.

한국과 다른 문화 환경에 놓인 외국인 학습자에게 언어와 문화, 문학 본연의 목표를 통합할 수 있는 문학 작품의 정서 교육은 한국어교육에서 문학작품을 교육하는 목표가 될 수 있다. 이 글은 김소월 시에 나타난 '이별'의 정서를 문화적으로 분석하고, 이를 학습하기 위한 구체적인 교육 방안을 모색했다는 의의를 가진다. 이 연구에서 모색한 정서 교육의 방안을 실제 수업에 적용하여 학습자들의 정서 수용과 표현력 향상으로 이끌어내는 것이 이 글이 가지는 다음 과제가 될 것이다.

한국어교육 현장에서 문학텍스트는 세련된 한국어를 구사하고자 하는

외국인 학습자와 해외 한국어학과 전공 학생들에게 필수적인 학습 자료
이다. 이러한 배경에서 언어와 문화, 문학 자체를 아우르는 '정서' 교육을
강조하는 것은 한국어교육 현장에서 문학 교육의 방향성에 대한 근본적
인 제안이 될 것이며 현장의 교사와 연구자들이 외국인을 위한 문학 교
육에 근본적 취지를 환기하는데 도움이 될 것이다.

(한국어교육 24권 2호)

참고문헌

1. 단행본

김대행 편, 『고려 가요의 정서』, 개문사, 1985.

김열규, 신동욱 공편, 『김소월 연구』, 새문사, 1982.

윤여탁, 『외국어로서의 한국문학교육』, 한국문화사, 2007.

이규태, 『한국인의 의식구조 4』, 신원문화사, 1983.

이상희, 『꽃으로 보는 한국문화 ③』, 넥서스, 1998.

임경순, 『한국문화의 이해』, 한국외국어대학교출판부, 2009.

최인학 · 엄용희 편저, 『옛날이야기꾸러미 1』, 집문당, 2003.

2. 논문

김수진, 「문학작품을 활용한 한국언어문화교육 연구」, 『한국어교육』 제20권, 국제
    한국어교육학회, 2009, 31-58면.

김지연, 「시(詩)를 활용한 한국어교육의 실제」, 『한국어교육』 제12권 2호, 국제한국
    어교육학회, 2001, 89-109면.

김혜진, 「한국어 학습자를 위한 한국 시 교육 연구」, 상명대 석사학위논문, 2008.

신주철, 「한국어교육에서 한국문학의 위계별 교수사례안」, 『한국어교육』 제17권 2호,
    국제한국어교육학회, 2006, 135-155면.

이기성, 「한국문학 교육을 위한 텍스트 활성화 방법 연구」, 『외국어로서의 한국어
    교육』 34권, 연세대학교 언어연구교육원 한국어학당, 2009, 283-312면.

전영주, 「김소월 시의 서도성과 근대성」, 『우리문학연구』 3집, 우리문학연구회,
    2011, 351-371면.

정우택, 「근대적 서정의 형성과 이별의 양상」, 『국제어문』 38집, 국제어문학회,
    2006, 255-286면.

천이두, 「한국적 한의 일원적 구조와 그 가치생성의 기능에 대한 고찰 - 한의 용례
    를 중심으로」, 『한국언어문학』, 한국언어문학회, 1989, 261-294면.

황인교, 「한국어교육과 한국문학」, 『이화어문논집』 22권, 이화여대 한국어문학연구

소, 2004, 5-29면.

I. A. 리처즈, 이선주 옮김, 『문학 비평의 원리』, 동인, 2000.

James W. Karat, Michelle N. Shiota, 민경환, 이옥경, 김지현, 김민희, 김수안 옮김, 『정서심리학』, 시그마프레스, 2007.

Carter & Long, *Teaching Literature*, Hong Kong, Longman, 1991.

한국어교육에서 「소나기」에 나타난 '정서' 표현 교육 방안

1. 서론

한국어교육에서 문학 작품을 학습하는 의의는 무엇이며 '왜' 학습하는 것일까? 외국어로서 문학 작품을 학습하는 것은 모국어로 문학을 학습하는 내국인 학습자와 다른 방향성을 가지며 방법론 또한 달라질 수밖에 없다. 외국인 학습자가 다른 나라의 문학 작품을 접하는 것은 그 집단의 공동체가 오랜 시간 축적한 사고와 문화와 마주하는 것이다. 그렇기 때문에 외국인 학습자들이 한국 문학텍스트를 접하는 것은 작품의 문학적 표현을 통해 한국의 언어 문화적 사고체계를 수용하는 것이라 할 수 있다.

외국어교육 관점에서 문학 학습의 의의와 방법론을 제시한 Ronald Carter와 Michael N. Long은 문학을 가르치는 주요한 세 가지 이유를 문화 모형과 언어 모형, 개인성장 모형이라는 개별 모형으로 나누어 설명한 바 있다. 이 세 모형은 서로 배타적이지 않으며, 교사가 특별한 교육적 목적에 따라 해당 모형을 선택해 가르치는 것이다.1) 한국어교육에서 문학 교

---

1) 방법론의 측면에서 **문화 모형**은 일반적으로 보다 교사 중심의, 전달 중심의 교육방법과 연관되며 학생들이 정보를 얻는 법을 배워야 하는 하나의 결과물로서 텍스트에 집중한다. **언어 모형**은 일반적으로 언어 기반 접근법으로 학습자 중심이며, 활동 중심이고 언

육에 대한 논의는 개념 정립부터 시작해 문학 교육의 방법에 대한 의견으로 제기되어 왔다. 황인교는 국어교육에서 문학능력과 한국어 문학능력을 구분하고 Carter & Long의 문학교육 모형을 수용하여 언어 모형, 문화 모형, 인간성장 모형으로 정리해 그 실제를 간단히 보였다.[2] 나정선은 외국인을 위한 문학 교육을 일반 목적, 직업 목적, 학문 목적 등 목적별로 학습자를 구분하여 교수 방법을 제시한 바 있다. 교수 방법으로는 Carter & Long의 논의에 따라 언어 중심 문학교육, 문화 중심 문학 교육, 문학 중심 문학 교육으로 나누어 작품별로 구체적인 방법을 제시하였다.[3] 이처럼 초기 한국어 문학교육 현장에서는 이러한 Carter & Long의 이론이 수용되어 논의되어 왔다.

윤여탁은 외국어교육에서 문학교육의 목표를 의사소통 능력과 문화 능력, 문학 능력으로 보고 있다. 이에 따르면 처음에는 문학을 활용한 한국어 의사소통 교육으로 시작해서 순차적으로 문학을 통한 한국의 사회 문화 교육, 한국어교육에서 한국 문학에 대한 교육이 진행되는데, 일정 단계에 이르면 이 세 가지 능력이 통합적으로 작용하여 상승효과를 거두게 된다고 했다.[4]

문학은 언어로 표현되며 문학 작품에는 언어와 문화, 문학 본연의 기능이 내재되어 있다. 그렇기 때문에 한국어교육에서 문학 작품을 교육하는 것은 말하기, 듣기, 쓰기, 읽기의 언어 기능 이상을 교육하는 것이

어가 사용되는 방식에 특별한 관심을 가진다. 텍스트의 행간의 의미를 읽어내는 것보다 언어적 형태와 문학적 의미 간의 연관성을 해석하는 데 중요성을 둔다. **개인성장 모형**은 학생 중심 모형이며, 전반적인 목표는 학생들에게 문학텍스트 안에 묘사된 테마와 주제를 개인의 경험과 연관시켜 동기화하는 것이다. 언어 모형과 개인성장 모형은 교수 방법의 측면에서 밀접한 관련이 있다. R. Carter & M. N. Long, *Teaching Literature*, 1991, New York: Longman, pp. 8-10.

2) 황인교, 「외국어로서의 한국문학교육의 가능태」, 『외국어로서의 한국어교육』 25 · 26집, 연세대 한국어학당, 2001.

3) 나정선, 「외국인을 위한 문학 교육 방법 연구」, 단국대 박사학위논문, 2008.

4) 윤여탁, 『외국어로서의 한국문학교육』, 한국문화사, 2007.

된다. 언어 기능의 상위 개념으로 리처즈는 언어의 기능을 지시 언어와 정서 언어로 구분했다. 지시 언어는 사실적 진술을 가리키는 언어이고 정서 언어는 감정과 태도를 불러일으키는 언어를 말한다. 개념적 언어로 사용되는 지시 언어와 달리 정서 언어는 정서나 태도의 효과를 위한 정서적 용법으로 사용되며 문학적 언어로 표현된다.5) 문학 작품의 언어 표현은 감정과 태도를 불러일으키는 정서적 용법으로 사용되는 것이다.

또한 정서는 한 문화권의 문화적 유산으로 내려온 공동체의 정신문화의 특질도 함께 나타낸다. 외국인이 다른 문화를 이해한다는 것은 그 나라의 정신문화의 속성을 지닌 정서를 이해함을 의미한다. 문학 작품의 정서 이해는 그 문화권의 정신적인 유산을 이해하는 일이 될 것이며 궁극적으로 문학 작품의 올바른 수용의 길로 인도할 것이다.

이에 따라 한국어교육에서 언어와 문화적 사고의 집합물인 문학 본연의 '정서' 교육의 필요성을 제기할 수 있다. 외국인 학습자를 위한 문학 교육은 학습자의 언어와 문화적 배경 그리고 문학 작품의 심미적 체험과 관련된 복합적인 요인들이 유기적으로 연계되어야 한다. 그렇기 때문에 한국어교육에서 문학 작품의 교육은 개별 학습의 의미보다는 문학 본연의 통합적인 목표로 수렴되어야 할 것이다. 문학텍스트 본연의 통합 교육의 의의는 '정서'라는 틀로 고찰될 수 있고 문학텍스트를 통한 정서 교육은 한국어교육에서 문학 교육의 목표로 제시될 수 있다.

이러한 배경에서 이 글은 한국어교육에서 문학 교육에 대한 근본적 접근 방안으로 지금까지 개별 목표로 논의된 언어, 문화, 개인성장의 특징을 통합하는 문학 작품의 '정서'에 주목하여 작품과 독자의 상호작용으로 나타나는 정서 표현의 과정에 이르는 정서 교육의 방법을 모색하는 것을

---

5) 리처즈는 모든 언어는 원래 정서적이었으며 언어의 과학적 용법은 훨씬 뒤에 발달한 것이라고 주장했다. I. A.리처즈, 이선주 옮김, 『문학 비평의 원리』, 동인, 2000.

목적으로 한다. 이를 위한 연구 방법으로 작품의 정서 표현은 한국의 대
표작으로 소개되는 황순원의 「소나기」를 중심으로 작품에 나타난 정서를
분석하고, 독자의 정서 표현은 「소나기」를 감상하는 중국인 학습자의 정
서 표현 양상으로 살펴볼 것이다. 이를 바탕으로 「소나기」를 대상으로 정
서를 표현하는 교육 방안을 제시하고자 한다.

2. 문학에서 '정서'와 정서 표현

'정서'는 문학, 심리학, 언어학, 현상학, 인류학, 정신의학 등 여러 범주
에서 사용될 수 있는 개념이다. 정서는 일반적으로 심리나 감정과 혼동되
어 사용되는 경우가 많다. 표준국어대사전에서 정서는 사람의 마음에 일
어나는 여러 가지 감정 또는 감정을 불러일으키는 기분이나 분위기로 정
의되고 있다.

문학에서 정서의 논의는 아리스토텔레스의 시학 이론에서 찾을 수 있
다. 아리스토텔레스는 시와 같은 예술 작품을 통한 정서의 자극을 '파토
스'로 본 바 있다. 문학작품을 감상하면서 강렬한 '파토스'가 형성된 독자
는 연민과 공포를 느끼면서 미적 정서인 카타르시스에 이르는 것이다.

김대행의 관점에 따른다면 감정의 영역에는 슬픔, 기쁨, 분노, 공포 등
이 있는데 '정서'가 문학의 범주에서 사용되면 감정과 동일한 의미로 사
용될 수 없다. 문학의 범주에서 '정서'는 문학적 주제인 이별, 사랑, 그리
움 등과 같은 문학적 정서로 나타나게 된다. 이러한 문학적 정서는 미적
으로 구조화된 체계인 문학 작품을 통해 작가와 독자가 소통하는 결과물
로 내면화되어 드러나게 된다.[6]

---

6) 김대행 편, 『고려시가의 정서』, 개문사, 1985, 7-30면.

최지현은 감정과 비교했을 때 나타나는 정서의 객관적, 지속적, 인지적 성격에 주목하였다. 이에 따라 독자의 문학적 체험을 가능하게 하는 텍스트 조건을 언어 맥락, 비문자적 자질, 문화적 합의로 항목화하여 문학적 정서 체험이 근본적으로 문화적 합의에 의해 형성되고 분포한다는 점을 지적하였다.[7]

이와 같이 정서는 문학의 언어적 특질로 나타나며 공동체의 문화적 가치를 함의한 문학 본연의 주제를 구현하며 독자에게 전달된다. 문학 작품의 언어는 작품을 수용하는 독자에게 감정과 태도를 불러일으키는 정서적 용법으로 쓰이며, 텍스트의 맥락 속에 함의된 언어와 문화적 배경이 문학적 상황으로 표현되면서 독자들에게 문학적 공감대를 형성하게 한다. 이렇게 문학적 공감대로 형성된 정서는 문학의 주제적인 측면을 통해 문학적 정서로 드러나게 된다.

그렇다면 정서는 어떻게 표현되며 어떤 메커니즘으로 구현될 수 있을까? 'emotion'이라는 정서의 서구적 의미가 '밖으로 향한 운동(to move)'을 나타내는 라틴어에서 유래했다는 것을 고려할 때 작가는 문학의 언어로 작품 속 정서를 표현하고 독자는 작품의 정서를 자신의 정서로 내면화하면서 독자의 심미적 체험을 표현하게 된다.

정서는 인간의 기본 감정으로부터 출발해 작가가 표현하는 문학 작품의 정서 언어로 구현되며 작품을 수용하는 독자의 사고 과정을 거치게 된다. 그렇기 때문에 작품에 나타난 정서를 이해하는 과정은 필연적으로 이를 수용하는 대상의 사고 과정을 수반한다. 문학 작품에 나타난 정서는 작품의 문맥에 따라 독자가 사고할 수밖에 없고 현실적인 것으로부터 상상적인 질서화를 거쳐 해석될 수 있다.

리쾨르는 모든 해석학이 가진 목표의 하나는 문화적 거리와 싸우는 것

---

7) 최지현, 「한국 근대시 정서체험의 텍스트 조건 연구」, 서울대학교 박사학위논문, 1997.

이며 텍스트를 읽는 행위는 작가와 독자의 문화적 거리를 극복하고 텍스트의 이해를 자기 이해와 융합시키는 것[8])이라고 한 바 있다. 외국인 학습자가 문학텍스트를 읽는 것은 언어 장벽을 극복하고 문화적 거리를 좁혀가는 과정에 있는 것이며 작품을 통한 문맥적 사고과정과 상상적 질서화를 거쳐 문학작품의 심미적 정서 체험을 가능하게 한다.

그렇기 때문에 외국어로 문학텍스트를 접하는 독자들은 문학작품의 정서를 수용하는 과정에서 모국어 독자보다 텍스트의 수용 과정이 복잡해 외국인 독자의 환경에 따른 여러 요인들이 작품의 정서 이해와 표현에 중요한 영향을 끼친다. 이상금은 외국어 문학텍스트를 읽는 독자에게 나타나는 텍스트 이해의 어려움을 다음과 같은 상황으로 지적한 바 있다. 첫째, 독자는 외국어 텍스트가 암시하는 선험도식(스키마)을 마음대로 처리하지 못하기 때문에 텍스트에서 적합한 신호를 인지할 수 없다. 둘째, 독자가 자신이 속해 있는 고유한 문화와 언어적인 문맥에서 파생되었으나 텍스트와는 전혀 관계가 없는 텍스트의 신호들인 스키마로 이해한다. 셋째, 여하한 방법으로 측정하거나 적용할 수 없는 '지식의 틀'을 마음대로 처리할 수 있다. 왜냐하면 특정한 의미의 뉘앙스가 알려지지 않았거나, 아니면 독자가 그의 지식을 활용하는 것을 배우지 않았기 때문이다.[9]) 이러한 논의를 바탕으로 이 글에서는 외국인 독자의 문학텍스트 수용 요인을 독자가 가지고 있는 1) 언어지식, 2) 선험지식과 관련한 문화적 요인, 3) 학습자가 속했던 집단에서 경험 요인으로 생각해 보았다. 이러한 복합적인 요인들은 외국인 독자의 정서 이해와 표현에 중요한 요인이 되

---

8) 폴 리쾨르, 박병수·남기영 편역, 『텍스트에서 행동으로』, 아카넷, 2002, 183면.

9) 스키마(Schema)는 이전에 습득한 지식의 구조를 가리키며, 그것은 문화에 따라 다르게 형성된다고 한다. 스키마 이론의 철학적인 개념은 칸트의 『순수이성비판』(1971)에서 '선험지식(a priori)으로 제시되었다. 영어교육 관련 연구에서는 '스키마'로 통용되고 있고, 다른 표현으로 선험지식구조(Schemata), 선험도식, 사전지식구조, 인식의 틀, 지식의 틀, 도식으로 쓰인다. 이상금, 『외국어 문학텍스트 독서론』, 한국문화사, 2006, 72-78면.

며 외국인 독자의 작품 이해와 감상을 좌우할 수 있다. 이는 외국인 독자가 문학 작품에 표현된 정서를 읽어냈는가에 대한 질문이 될 수 있다.

외국인 독자가 문학텍스트의 정서를 수용할 때 영향을 끼치는 요인에는 언어지식과 사회문화적 맥락, 경험 요인이 있다. 먼저 언어지식 요인은 '핵심어(key word) 분석이 곧 정서의 분석'이라는 W. Empson의 논의를 바탕으로 문학텍스트의 언어적 정서 표현을 찾아볼 수 있다. 문학텍스트에서 상위 층위의 핵심어는 상징체계를 가지며 다양한 층위에서 의미를 내포하는데 이러한 핵심어를 분석하는 것이 핵심적인 정서를 읽어내는 키워드가 될 수 있기 때문이다. 문학텍스트의 상위 핵심어는 야콥슨이 문학의 언어로 제시한 은유와 환유로 나타난다. 문학텍스트의 핵심어 분석은 작품의 중심 의미를 형성하는 은유와 환유 분석이 될 것이며, 이러한 문학적 언어 분석은 문학 작품의 정서 언어 표현을 가능하게 한다.

사회문화적 맥락 요인은 한국어로 문학텍스트를 접하는 외국인 학습자의 문화적 선행 지식(스키마)을 통해 문화적 사고의 맥락을 도출하는 것이다. 정서 언어의 표현으로 은유 표현이 사회문화적 맥락으로 나타나는 양상은 Kövecses의 '개념적 은유'10)로 살펴볼 수 있다.

경험 요인과 관련해 임경순은 표현 영역을 서사의 영역과 관련해 볼 경우 인간의 경험을 서사화하는 능력과 직결된다고 했다.11) 문학 작품에

---

10) Zoltán Kövecses 지음, 임지룡·김동환 옮김, 『언어·마음·문화의 인지언어학적 탐색』, 역락, 2010, 197-296면.
　　Kövecses는 은유가 마음과 문화 연구에 결정적인 역할을 한다고 보고 '개념적 은유'를 설명하고 있다. '개념적 은유'는 근원영역과 목표영역을 가지고 있으며 서로 다른 개념의 영역 횡단 사상(cross-domain mapping)이라 할 수 있다. 이러한 '개념적 은유'는 문화 간 차원과 문화 내 차원에 따라 달라질 수 있다. 문화 간 변이가 생기는 요인으로 특정한 층위에서 특이한 문화적 내용을 받는 '일치적 은유', 대규모의 대안적 개념으로 나타나는 '대안적 은유'를 들 수 있다. 문화 내 변이가 생기는 요인은 사회적 차원, 지역적 차원, 문체적 차원, 하위문화적 차원, 개인적 차원의 은유가 있다.
11) 임경순, 『서사표현교육론』, 역락, 2003, 30-34면.

대한 독자의 정서적 반응과 관련하여 그리블은 '문학의 정서'와 '삶의 정서'의 관계를 고찰한 바 있다. '문학의 정서'는 독자가 문학 작품 속에 그려진 사건·인물에 반응해서 경험하는 정서이고, '삶의 정서'는 독자가 실제 세계의 경험에서 느끼는 정서를 말한다. '문학의 정서'와 '삶의 정서'는 문학교육에서 독자의 정서 경험과 밀접한 관련을 가지며 문학 작품은 독자에게 삶의 정서적 대체물이나 정서적 대안이 된다.12) 이와 같이 작품을 경험하는 독자와 상호작용을 통해서 정서가 형성되며 여기에는 독자의 경험과 관련된 지적 상상작용이 수반된다.

이에 따라 독자의 문학텍스트 정서 수용에서 언어 지식 요인은 문학텍스트의 정서 언어 표현으로 나타나며 텍스트의 정서로 표현될 수 있다. 사회문화적 맥락 요인은 외국인 독자가 세계 즉 배경을 중심으로 작품에 표현된 한국의 사회문화적 배경과 마주함으로서 문화적 정서 스키마가 형성될 수 있다. 경험 요인은 작품과 독자의 상호작용의 결과로 나타나며 '작품의 정서'가 '삶의 정서'에 큰 영향을 끼치며 인간의 경험을 서사화하는 표현 능력과 직결될 수 있다.

문학텍스트는 기본적으로 언어와 문학적 상황, 문화적 배경이 함축된 고맥락 텍스트의 성격을 지닌다. 강한 함축성을 지니며 고맥락 메시지를 전달하는 시 텍스트에 비해 소설 텍스트는 맥락도가 비교적 낮은 서술적 특징을 갖는다. 그래서 소설텍스트는 언어 상황의 구체적인 맥락을 파악하기가 용이한데 그중에서 현대 작품은 현대에 쓰이고 있는 언어 표현과 사고의 시간차를 줄일 수 있으므로 현대를 살고 있는 독자들에게 정서적으로 쉽게 다가올 수 있는 측면이 있다. 이에 따라 다음 장에서는 한국 현대 단편소설인 황순원의 「소나기」를 텍스트로 선정해 작품에 나타난 정서 표현의 특질을 살펴볼 것이다.

---

12) 제임스 그리블, 나병철 역, 『문학교육론』, 문예출판사, 1987, 180-197면.

3. 「소나기」에 나타난 사랑과 이별의 '정서'

한국어교육 현장에서 빈번하게 교수되는 작품이 「소나기」이다. 이 작품은 어휘의 무게감에 비해 작품의 문장이 간결해 외국인 학습자가 읽기에 비교적 쉬운 문장의 소설이다. 「소나기」는 1959년 영국의 ≪인카운터(Encounter)≫지(誌) 단편 콩쿠르에 입상해 게재되고 영화로도 제작되어 해외에 알려진 작품으로 외국인에게 소개하는 한국의 대표 소설로 자리해왔고, 한국의 국어교육 정규과정에 빠지지 않고 교과서에 수록되어 내국인에게도 익숙한 작품이다.

「소나기」는 한국어교육 교재에 가장 많이 수록되었으며, 한국어교육 문학교육 현장에서 많은 사람들이 가르치고 배우며 한국어교육 문학텍스트로 꾸준히 논의되었다. 한국어교육에서 문학 교육 초기 논의로 「소나기」에 대한 윤영의 연구는 문화 교육을 위한 문학 교육의 필요성과 함께 어떤 작품을 가르쳐야 하는가에 대한 작품 선정의 문제를 제기하였다. 그리고 작품의 선별 기준에 따라 적합한 작품으로 「소나기」를 선정하여 구체적인 수업 사례를 제시한 바 있다.[13] 나정선의 연구는 「소나기」 학습을 목적별 학습자로 구분하여 교수 방법을 구체적으로 제시했다는 의의가 있다.[14] 윤여탁은 한국어교육의 문화학습에서 전통문화 학습의 일례로 「소나기」 텍스트를 단편적으로 소개하였다.[15] 김순자는 소설텍스트를 통한 언어 능력, 문화 능력 향상과 함께 문학 능력 향상을 주장했는데 문학 능력을 위한 교육 방안을 소설의 구조적 측면으로 접근하여 논의하였다.[16]

---

13) 윤영, 「외국인을 위한 한국소설 교육 방안」, 이화여대 석사학위논문, 1999.
14) 나정선, 「외국인을 위한 문학 교육 방법 연구」, 단국대 박사학위논문, 2008.
15) 윤여탁, 『외국어로서의 한국문학교육』, 한국문화사, 2007, 65-68면.
16) 김순자, 「한국어교육에서 소설 텍스트 교육 연구」, 부산외대 박사학위논문, 2010.

이와 같은 「소나기」에 대한 여러 논의를 바탕으로 이 글에서는 작품의 주제의식으로 통합되는 '정서'에 주안점을 두고 작품을 살펴볼 것이다. 대상 작품으로 「소나기」를 선정한 이유는 이 작품이 외국인에게 한국의 대표작으로 널리 알려져 있으며 사랑과 이별이라는 보편적 주제에 대한 공감대 형성에 용이하고 한국어교육 현장에서 학습자가 익숙하게 접할 수 있는 작품이기 때문이다.

소설 장르에서 정서는 소설의 주요 요소인 사건과 인물, 배경을 중심으로 표현된다. 그리고 소설의 주제나 제목으로 나타나는 상위 층위의 핵심어는 작품 전체의 의미와 주관적 감정을 환기시키는 정서 표현으로 나타난다. 그래서 소설에서의 정서는 사건과 인물의 정서, 작품 전체의 사회·문화적 배경으로 표현된다.

「소나기」는 서울에서 살던 윤초시댁 증손녀인 '소녀'와 농촌 마을에 사는 '소년'의 이야기로 성장 배경이 다른 두 인물을 중심으로 사건이 전개된다. 농촌이라는 소설의 배경적 정서와 관련하여 가을 햇살, 갈밭, 추수 등의 표현은 계절적으로 늦가을의 정취를 느끼게 한다. '소나기'라는 비의 특성은 갑자기 세차게 쏟아지다가 곧 그치는 비를 뜻하며 여름에 특히 많으며 번개나 천둥, 강풍 따위를 동반한다. 이러한 소나기는 벼농사를 짓는 문화권의 기후적 특성으로 한국의 농촌 문화를 반영하고 작품 안에서 '비'와 관련된 여러 정서를 함축하고 있다.

이 작품의 핵심어가 되는 '소나기'는 여름에 내리는 비가 아니라 늦가을 한때 잠깐 내렸다 그치는 비이다. 한국 문학 작품에서 '비'는 '눈'과 함께 여러 작품과 노래의 소재로 쓰이고 있으며 이별과 기다림, 외로움, 옛 추억을 상기시키는 표현이 되고 있다. 작품에서 '소나기'는 소년과 소녀의 사랑을 더욱 애틋하게 하는 매개체 역할을 하며, 어린 시절 세차게 왔다가 사라지는 사랑과 이별의 정서에 대한 은유적 표현으로 해석된다.

'소나기'라는 핵심 의미는 소년, 소녀의 사랑과 이별, 한국 농촌의 전통문화와 같은 작품 전체의 의미를 유기적으로 연결하는 역할을 하며 작품의 정서와 관련된 언어와 사회문화적 맥락으로 표현된다.

인물의 정서와 관련해서 작품 전체적으로 「소나기」는 소년과 소녀의 애틋한[17] 사랑의 정서를 형성하고 있다. '내외한다'는 한국어 표현이 '안'과 '밖'이라는 여성과 남성의 분리의식에서 비롯되었다고 할 때[18] 이 작품의 '소년'은 이성에게 적극적으로 다가가지 못하고 부끄러워하는 수줍음을 지닌 인물이다. 소년이 소녀에게 나타내는 순수한 사랑의 정서는 좋아하는 이성을 대하는 소년의 수줍은 태도로 나타난다.

이렇게 작품 전반부가 이성 간의 수줍은 정서를 차지한다면 소년과 소녀가 산에서 '소나기'를 맞는 사건은 소설 후반부의 정서를 변화시키는 큰 요인이 된다. 소년과 소녀가 산에서 소나기를 피하면서 친밀감이 생기게 되고 이후 작품 후반부는 소녀를 보고 싶어 하는 소년의 그리움의 정서가 두드러진다. 그리고 소녀의 죽음이라는 안타까운 사실이 밝혀지면서 소년과 소녀의 애틋한 정서가 독자들에게 전달되고 있다.

이와 관련해 다음 장에서는 「소나기」의 전체 '정서'와 소년과 소녀의 정서 변화와 관련한 외국인 학습자의 정서 표현 양상을 살펴볼 것이다. 이를 위해 외국인 학습자의 문화적 선행 지식을 고찰하기 위해 '비'에 대한 은유 표현을 알아볼 것이다. 인물의 정서 변화와 관련해서는 작품 전체를 크게 세 가지 부분으로 나누었는데 하나는 작품 전반부에 좋아하는

---

17) '애틋하다'는 다양한 상황에서 쓰일 수 있는 섬세한 감수성이 보이는 표현이다.

18) 남녀의 분리의식과 관련해 가까운 문화권의 일본의 정서에 대해 루스 베니딕스는 일본 어린이의 성장과정을 관찰한 결과를 다음과 같이 적고 있다. "그가 아홉 내지 열 살 정도부터는 아무런 관계가 없는 남녀 간의 격리는 극단적으로 이루어지게 된다. 일본인은 남자 아이가 성에 흥미를 느끼기 이전에 부모가 그의 결혼을 준비하는 것을 이상적으로 여긴다. 따라서 남자 아이는 여자 아이를 대할 때 '수줍어'하는 것이 바람직한 태도다. 루스 베니딕스, 김승호 옮김, 『국화와 칼』, 책만드는집, 2007, 323면.

이성을 보고 도망가다가 창피함을 느끼는 소년의 행동과 관련된 부분이다. 그 다음은 산에서 비를 피하면서 생긴 친밀감 형성과 관련된 부분이고 마지막은 소나기를 맞은 후 소년이 소녀를 그리워하는 부분이다. 이를 고려하여 이성 간의 만남과 친해지는 과정에서 느끼는 수줍음이 친밀감으로, 친밀감이 그리움으로 전환되고 환기되는 인물의 감정 변화를 중심으로 외국인 학습자들의 경험과 관련된 표현 양상을 살펴볼 것이다.

4. 중국인 학습자의 「소나기」 정서 표현 양상

문학 작품의 해석은 수용자의 언어지식과, 문화적 배경과 사고, 그리고 독자의 경험에 따른 문학적 상상력에 따라 다르게 나타난다. 앞 장에서 '소나기'는 텍스트의 정서를 형성하는 핵심의미를 지닌 은유표현으로 나타남을 알 수 있었다. 이와 관련하여 외국인들의 '비'에 대한 문화적 선행지식을 알아보기 위해 2장에서 논의한 Kövecses의 '개념적 은유' 이론을 참고하여 외국인 학습자들의 '비'에 대한 개념화 양상을 살펴보았다. 그리고 「소나기」 작품에 나타난 인물의 정서 변화를 중심으로 문학 작품을 경험하는 독자의 정서 표현 양상을 분석해 보았다.

외국인 학습자는 중국 곡부사범대 한국어학과 교환학생 20명을 대상으로 했다. 이 학생들은 중국 곡부에서 한국어학과 1, 2학년을 마치고 3학년이 되어 한국에 와서 대학 교양 수업으로 한국어를 공부하고 있다. 이들의 한국어 능력은 중급 과정을 마치고 고급 과정으로 진입하는 단계에 있다.[19] 이 조사에서 중국인 학습자를 선택한 이유는 「소나기」에 나타난

---

19) 외국인 학습자들을 대상으로 할 때 지역별 편차와 개인별 편차 등 여러 변수들이 영향을 미칠 수 있다. 이 글에서는 가까운 문화권의 중국인 학습자를 대상으로 정서의 보편 수용에 초점을 두어 논의를 전개할 것이다.

사랑과 이별이라는 주제의 보편성과 관련해 문화적으로 근접한 중국인 학습자를 살펴봄으로써 보편적 공감을 논의할 수 있기 때문이다. 또한 「소나기」는 한국어 학습자들이 가장 많이 학습하는 텍스트이면서 특히 중국 대학에서 많이 가르치고 있으며 중국인 학습자에게 많이 인용되는 작품이다.[20]

작품 이해를 위한 문화적 선행 지식과 관련해 '비'의 개념적 의미에 대한 질문에 대해 이들 중국인 학습자는 '비'와 관련된 다양한 개념적 은유를 표현하였다. 응답 결과로 '비'하면 떠오르는 생각은 '추억과 관련된 과거에 대한 생각, 그리움, 보고 싶음'이라고 답변하기도 하고 '사랑하는 사람과 쓰는 우산'이라는 대답과 '사랑하는 사람과 이별, 바쁜 의미, 가엾음, 재난'이라고 대답한 학생이 있었다. 그리고 '하늘의 눈물'이라는 은유적 표현이 중복되어 나타났다. 이밖에 '비'에 대한 은유적 표현보다 비를 맞을 때 기분을 표현한 학생도 있었는데 긍정적 표현으로 시원하다. 상쾌하다. 기쁘다, 낭만적이라는 대답과 기분이 나쁘다, 싫다는 부정적 대답이 있었다.[21]

다음 작업에서는 「소나기」 작품에서 소년과 소녀가 처음 만났을 때의

---

20) 김정우는 중국에서 한국어교육 현황에서 '고급' 교재가 부족하다는 점을 지적하며 중국 연구자들이 간행한 대표적인 고급 교재 4종(최희수 외, 『고급한국어』, 우림걸 외, 『대학 한국어』, 마금선 외, 『고급 한국어』, 하동매 외, 『고급 한국어』)을 선정하여 비교 분석하였다. 그 결과 본문 제재에서 「소나기」(황순원)가 각각 3종의 교재에 실려 한국에서는 물론이고 중국에서도 매우 인기가 있는 작품이라고 언급했다.
   김정우, 「중국의 한국어 고급 교재 분석」, 『한중인문학연구』 제35집, 2012, 168면.
21) '비'와 관련된 언어 표현에 문화적 사고가 반영되어 있음은 중국인과 이집트인의 단편적 비교로 이야기할 수 있다. 중국인 학습자와 비교했을 때 이집트인 학습자의 경우 '비'에 대한 생각에 대해 함축적인 문화적 표현을 하지 못했다. '이집트에는 비가 거의 안 와서 비에 대한 구체적인 생각이 없다'와 '이집트에서 드문 날씨다. 비를 생각하면 갑작스러운 느낌이 든다'가 답변 내용이다. 여기서 답변을 한 이집트인 학습자는 이집트 아인샴스대 한국어학과 졸업생으로 한국에 있는 대학원에 진학한 소수 학생들이다. 이 글에서는 중국인 학습자를 중심으로 보편적인 정서 수용을 논의할 것이기 때문에, 학습자의 표본이 많지 않은 이집트 학습자의 경우는 차이점에 대한 참고사항으로 논의할 것이다.

'수줍음'이 '친밀한 감정'으로 바뀌고 다시 '그리움'으로 전환되고 환기되는 인물의 정서 변화를 중심으로 학습자들의 정서 표현 양상을 살펴보았다. 이와 관련하여 「소나기」에서 소년이 소녀를 보고 도망가는 부분에 대한 중국인 학습자의 해석을 살펴보면 아래와 같다.

<해석 1> 좋아하는 이성을 대하는 소년의 정서

소년은 두 손으로 얼굴을 움키었다. 몇 번이고 움키었다. 그러다가 깜짝 놀라 일어나고 말았다. 소녀가 이리로 건너오고 있지 않느냐. 숨어서 내 하는 꼴을 엿보고 있었구나. 소년은 달리기 시작한다. 디딤돌을 헛짚었다. 한발이 물속에 빠졌다. 더 달렸다. 몸을 가릴 데가 있어줬으면 좋겠다.	학생 1) 소년이 긴장해서 물에 빠졌다. 소녀가 웃었다.
	학생 2) 소년이 소녀를 좋아해서 부끄럽다.
	학생 3) 소년이 소녀를 좋아하는 마음을 표현했다. 창피하지만 귀엽다.
	학생 4) 소년은 먼저 부끄러워서 직접 소녀를 보는 용기가 없어서 한 발이 물속에 빠진 후에 창피한 감정이 있어서 빨리 나가고 싶어요.
	학생 5) 소년의 부끄럽고 내성적인 성격을 표현
	학생 6) 소년은 소녀에게 자기가 소녀처럼 행동하는 것을 들켜서 창피하고 긴장했다.

　'학생 1'은 소년이 물에 빠진 모습을 소녀가 보았다고 생각하고 소녀의 모습을 상상하고 있다. '학생 2'는 소년이 소녀를 좋아하기 때문에 부끄러워하는 것이라고 생각했다. '학생 3'은 소년이 소녀를 좋아하는 마음을 표현하는데 소년이 창피해하는 모습을 귀엽게 보고 있다. '학생 4'는 소년이 직접 소녀를 볼 용기가 없어서 부끄러워하고 물속에 빠지자 창피해하는 과정을 말하고 있다. '학생 5'는 전반적으로 소년의 부끄럽고 내성적인 성격을 표현한 부분이라고 작품 전체를 놓고 해석하고 있다. '학생 6'은 소년이 소녀에게 자기가 소녀처럼 행동하는 것을 들켰기 때문에 좋아하는 마음을 들킨 것이 창피하고 긴장한 모습을 말하고 있다.

　이상과 같이 중국인 학습자들은 좋아하는 이성을 접할 때 부끄러움을 느끼는 '수줍음'의 정서와 좋아하는 이성 앞에서 체면이 손상될 때 느끼는 소년의 '창피함'을 쉽게 공감하고 있으며 이를 소년의 관점 혹은 소녀의 관점, 독자의 관점에서 자신의 상상력으로 해석의 공간을 채우고 있다.[22] 다음은 산으로 올라간 소년과 소녀가 소나기를 피하면서 친해지는 장면으로 인물들의 '친밀감' 형성에 대한 해석 내용이다.

<해석 2> 인물들의 친밀감 형성의 정서

수숫단 속은 비는 안 새었다. 그저 어둡고 좁은 게 안 됐다. 앞에 나앉은 소년은 그냥 비를 맞아야만 했다. 그런 소년의 어깨에서 김이 올랐다. 소녀가 속삭이듯이, 이리 들어와 앉으라고 했다. 괜찮다고 했다. 소녀가 다시 들어와 앉으라고 했다. 할 수 없이 뒷걸음질을 쳤다. 그 바람에 소녀가 안고 있는 꽃묶음이 우그러들었다. 그러나 소녀는 상관없다고 생각했다. 비에 젖은 소년의 몸 내음새가 확 코에 끼얹혀졌다. 그러나 고개를 돌리지 않았다. 도리어 소년의 몸 기운으로 해서 떨리던 몸이 적이 누그러지는 기분이었다.	학생 1) 소년은 소녀한테 미안하다
	학생 2) 소년과 소녀는 다 부끄럽다. 조심스럽고 부끄럽다.
	학생 3) 소년이 너무 부끄러워하다.
	학생 4) 소년은 사나이처럼 책임감이 많은 사람이다.
	학생 5) 소년은 소녀를 보호하고 있었다.
	학생 6) 소년은 너무 부끄러웠다. 소년은 소녀와 함께 앉는 것이 부끄럽다.
	학생 7) 소년과 소녀의 순수한 사랑을 표현
	학생 8) 사랑하는 남자의 어깨에서 김이 오르는 것은 행복한 일이다.
	학생 9) 비를 맞는 소년을 보고 소녀가 걱정된다. 꽃묶음보다 소년을 더 사랑한다.

산에서 함께 소나기를 피하는 소년과 소녀의 모습에 대해 학생들 대부분이 소년이 이성 앞에 다가가는 것에 대해 부끄러워하고 있다고 해석하고 있다. '학생 1'은 소년이 (비를 맞게 해서) 소녀에게 미안해한다고 하고 있다. '학생 2'는 소년과 소녀 모두가 부끄럽고 조심스럽다고, '학생 3'

---

22) 중국인 학습자와 달리 다른 문화권의 학습자들은 좋아하는 이성을 처음 만날 때 부끄러워하는 정서를 잘 이해하지 못하는 경우를 쉽게 볼 수 있다.

과 '학생 6'은 소년이 소녀와 함께 앉는 것을 부끄러워한다고 했다. '학생 4'와 '학생 5'는 소년의 책임감과 보호의식에 초점을 두어 해석하고 있다. '학생 7'은 순수한 사랑이라는 작품 전체의 주제를 이야기하고 있다. 이에 비해 '학생 8'과 '학생 9'는 소녀의 입장에서 해석하고 있다. '학생 8'은 '사랑하는 남자의 어깨에서 오르는 김'에 대한 애정의 감정을 이야기하고 있고, '학생 9'는 자신이 소중하게 여겼던 꽃묶음보다 소년이 더 소중한 존재가 됨을 읽어내고 있다.

이와 같이 소녀와의 만남에서 수줍어하는 소년, 소녀를 보고 도망가던 소년이 물에 빠져 창피했던 일, 산에서 소나기를 피하면서 두 사람이 친해지는 과정을 학생들은 소년의 '창피함'과 '부끄러움'으로 표현하고 있음을 알 수 있다. 또한 학습자들은 산에서 비를 피하는 장면을 소녀에 대한 소년의 보호의식으로 해석하고 있었다. 다음은 산에서 소나기를 맞은 후 소녀를 그리워하는 소년의 정서를 중국인 학습자들이 수용한 부분이다.

<해석 3> 그리움의 정서

그 다음날은 소녀의 모양이 뵈지 않았다. 다음날도, 다음날도. 매일같이 달려와 봐도 뵈지 않았다. 학교에서 쉬는 시간에 운동장을 살피기도 했다. 남몰래 오학년 여자 반을 엿보기도 했다. 그러나 뵈지 않았다. 그날도 소년은 주머니 속 흰 조약돌만 만지작거리며 개울가로 나왔다. 그랬더니 이쪽 개울둑에 소녀가 앉아 있는 게 아닌가.	학생 1) 사랑하는 여자가 보이지 않는 것은 슬프다. 여자를 걱정할 것이다.
	학생 2) 소년이 소녀를 그리워하다.
	학생 3) 소녀가 궁금하고 걱정된다. 너무 보고 싶다.
	학생 4) 정이 생겼다.
	학생 5) 소녀를 볼 수 없어 실망했다.
	학생 6) 조약돌을 보면 바로 소녀를 보는 것 같아, 소녀가 개울가에 있지 않아서 마음이 좀 실망스럽고 슬프다.

학생들 대부분은 소녀가 보이지 않아 실망스럽고 슬프고 걱정되는 그리움의 감정을 비슷한 양상으로 표현하고 있다. 그런데 '학생 4'는 서로 정이 생겼다고 '정'23)이라는 특유의 정서를 이야기하였다. '학생 7'의 경우 '조약돌을 보면 소녀를 보는 것 같다'고 했는데 그리움이라는 감정이 소녀와 관련된 물체로 전이되어 있음을 볼 수 있는 표현이다. 그밖에 거의 모든 학생이 소년이 소녀를 보고 싶어 하고 그리워하는 마음을 이야기하고 있으며 슬픔이나 실망스러움과 같은 감정과 연관시켜 해석하였다.

이상과 같이 「소나기」 작품에 나타난 '수줍음'과 '친밀감' 그리고 '그리움'의 정서를 학습자들의 작품 감상을 바탕으로 살펴보았다. 중국인 학습자들은 작품에 전체적으로 나타난 소년의 '수줍음'이나 '쑥스러움', '창피함'과 관련된 정서를 '부끄러움'이라는 큰 범주로 표현하는 것으로 보였다. 그중 학습자들은 소년이 소녀를 보고 도망가는 장면에서 창피함과 관련된 '부끄러움'에 대한 해석의 공간이 많았다. '친밀감' 형성과 관련된 부분은 자신들의 상상으로 사랑의 감정을 해석하고 있는데 그 정서를 '부끄러움'으로 표현하고 있었다. 소녀에 대한 소년의 '그리움'과 관련된 부분에서는 소년이 소녀를 애타게 찾는 과정의 느낌을 '슬픔'이나 '실망스러움'으로 표현하는 학생들이 많았다.

5. 「소나기」의 '정서' 표현 교육 방안

소설 작품은 작품 속 문화적 배경과 상황을 통해 인물의 행동이나 감

---

23) 사랑의 감정과 구분되는 '정'은 오랜 기간을 함께 공유함을 전제로 하는 개념이다. 그래서 '정이 들었다'는 표현을 많이 쓴다. 중국어 '정'은 '感情' 정도로 표현될 수 있는데 '학생 4'의 '정이 생겼다'는 해석은 '사랑의 감정이 생겼다'는 것으로 풀이될 수 있을 것이다.

정을 읽어낼 수 있는 문학텍스트이다. 그래서 작품을 읽는 독자는 자신의
언어와 상상력으로 새로운 해석의 공간을 상상적인 질서로 재구성하여
나타낸다. 앞서 논의한 중국인 학습자의 '비'에 대한 개념적 은유와 독자
의 정서 표현을 살펴본 결과 농사를 짓는 문화권인 중국의 경우 다소 표
현의 차이는 있지만 '비'에 대한 다양한 은유로 표현하는 것으로 나타났
다. 인물에 대한 정서와 관련해서는 좋아하는 이성을 대하는 소년의 '수
줍음'과 '친밀감'의 정서를 '부끄러움'이라는 큰 범주로 표현함을 알 수
있었다. 전반적으로 학습자들은 작품에 나타난 정서를 공감적으로 수용
하고 자신의 정서로 표현하고 있었다.

　「소나기」는 작품 전체를 통해 사랑과 이별의 정서를 느낄 수 있는 작
품이다. 작품 제목이면서 핵심어로 기능하는 문학적 언어 표현인 '소나
기'는 '사랑'과 '이별'이라는 은유 표현으로 나타난다. 그리고 소년이라는
인물로 표현되는 수줍은 사랑의 정서, 한국 농촌의 전통적 정서로 작품
전체의 분위기가 형성되고 있다. 이 작품에서 문학적 정서의 핵심 표현은
'소나기'로 상징되는 사랑과 이별의 은유 표현으로 나타나며 '비'에 대한
특유의 정서를 형성하고 있다.[24] 이러한 정서는 외국인 학습자가 가지고
있는 '비'와 관련된 문화적 은유 표현을 활용해 사랑과 이별에 대한 다양
한 은유 표현으로 이끌어낼 수 있다.

　사회문화적 맥락과 관련해 작품의 배경으로 「소나기」에 나타난 한국
농촌의 토속적 정서는 농촌이라는 배경이 주는 향수어린 고향의 정서와
계절적으로 늦가을의 정서를 느끼게 한다. 농촌의 정서와 관련해 이 작품
은 전통적인 사고방식을 보여주는 표현들을 사회문화적인 맥락으로 교육

---

24) 「소나기」 작품에 나타난 '소나기'와 관련된 모티프는 사랑에 대한 옛 추억의 정서로 나
　타나며 2000년대에 개봉된 영화 <클래식>과 <파랑주의보>, <연애소설>, <엽기적인
　그녀>, 그리고 드라마 <사랑비> 등 여러 작품에 많은 영향을 끼치며 '수줍은 첫사랑'
　에 대한 주요 정서로 표현되고 있다.

할 수 있다. 이를 테면 전통적 사고를 느낄 수 있는 표현의 예로 '전답을 팔다'와 '악상을 당하다'가 있다. '전답을 판다'는 옛날부터 농토를 재산으로 여겼던 한국인에게 '재산을 판다'는 의미가 된다.[25] 그리고 '악상을 당하다'는 자식이 부모보다 먼저 죽는 죽음에 대한 부정적인 의미로 유교 문화의 일면을 볼 수 있는 표현이다.

다음으로 소년이라는 인물을 살펴볼 때 4장에서 중국인 학습자들이 표현한 바와 같이 작품 전체에 부끄러움과 관련된 섬세한 정서를 찾아볼 수 있다. 작품 전체에 형성된 섬세하고 애틋한 감정은 '수줍음'을 근간으로 하고 있는데 처음 이성을 접하는 사랑을 '수줍은 첫사랑'으로 표현하는 것도 이성간의 만남과 사랑에 수줍음의 정서가 반영된다는 사랑의 보편 정서를 형성하고 있다. 소설텍스트에는 인간의 심리와 감정을 나타내는 표현이 가장 빈번하게 나타난다. 문학 작품으로 접하는 인물의 심리와 감정 표현은 문학적 상황으로 나타나며 독자가 작품을 읽으면서 정서를 이해하고 작품의 정서를 말하기와 쓰기로 표현하는 정서 표현 학습을 가능하게 한다.[26] 그래서 「소나기」 작품 전체에 나타난 '수줍음'의 정서는 작품을 수용하는 학습자의 개인적 경험과 연관해 사랑과 이별에 대한 정서를 표현하는 표현 교육으로 이끌 수 있다.

이에 따라 「소나기」를 외국인에게 교육하기 위한 교수-학습을 설계하려면 '무엇을', '어떻게', '왜' 교육하는가의 문제에 유의해야 한다. 교수-

---

25) '전답을 팔다'와 같은 표현은 몽골과 같이 농사를 짓지 않아 땅을 재산의 개념으로 여기지 않는 문화권의 학습자에게 새로운 사고체계로 학습될 수 있다.

26) 이 글에서 논의된 「소나기」 작품을 수용한 중국인 학습자들은 이러한 수줍음의 정서를 '부끄러움'이라는 큰 범주로 표현하고 있음을 알 수 있었다. 이와 관련해 '부끄러움'이라는 정서의 표현 영역을 확장해 작품 속의 상황과 맥락에 따라 적절하게 표현하는 것이 필요할 것이다. 예를 들면 소년과 소녀가 만나서 친해지는 과정에서 느끼는 부끄러움을 '수줍음'으로 표현할 수 있을 것이다. 그리고 소년이 좋아하는 마음을 들켜서 도망가다가 넘어지는 상황에서 느끼는 것을 '창피함'으로, 소년과 소녀가 산에서 비를 피하는 낯선 상황에 대한 부끄러운 느낌을 '쑥스러움'으로 표현할 수 있다.

학습에서 '무엇을'은 '교육 내용'에 해당하고, '어떻게'는 '교육 방법'이 되고, '왜'는 '교육 목적'이 될 것이다. 외국어로서 문학교육의 내용과 목표와 관련하여 Carter & Long은 언어 사용 능력과 문식 능력에서 독자가 셰익스피어의 「맥베드」를 읽는다면 스코틀랜드 봉건 왕조가 아니라 인간의 '욕망'을 독자가 읽어낼 수 있는 데에 문식 능력의 원리가 있다고 언급한 바 있다.27) 이러한 관점에서 이 글은 외국인을 위한 문학 교육의 학습목표로 언어, 문화, 문학적 특징을 통합하는 문학 본연의 '정서' 교육을 설정하고 문학텍스트의 주제교육 측면에서 교수-학습 방안을 아래와 같이 모색하였다. 교수 방법은 문학 작품을 감상하는 독자에게 정서적 태도를 형성하는 여러 방법을 활용할 것이다.28)

해당 학습자는 외국어로서 한국어를 공부하는 중급 이상의 학습자로 다양한 문화권의 학문 목적 학습자를 대상으로 총 6차시로 구성하였다.29) 이를 고려한 「소나기」의 교수-학습 방안을 정리하면 아래와 같다.

---

27) R. Carter & M. N. Long, *Teaching Literature*, 1991, New York: Longman, p. 6.
28) 리처즈는 감각이나 감각의 이미지를 정서 경험의 주된 성분으로 보고 시를 읽는 반응의 흐름을 1) 인쇄된 말이 주는 시각적 감각 2) 그러한 시각적 감각과 밀접하게 연상되는 이미지 3) 상대적으로 자유로운 이미지 4) 다양한 사물에 대한 지시 혹은 '사고' 5) 정서 6) 정서적 태도로 나누었다. 리처즈가 논의한 감각에서 이미지, 이미지에서 사고, 사고에서 정서, 정서에서 정서적 태도의 반응의 흐름을 위한 정서 표현 교육 방법으로 그림, 사진, 음악 등을 활용할 수 있다. I. A.리처즈, 이선주 옮김, 『문학 비평의 원리』, 동인, 2000, 143-144면.
29) 현재 한국어 기관의 학습 시간은 어학원의 경우 하루 4시간을 기준으로 하고 대학 수업은 2-3차시로 진행되고 있다. 이를 감안하면 평균 2회 정도 학습시간 운영이 가능할 것이다.

정서 표현 능력 향상을 위한 「소나기」 교수-학습 방안

교육 목표	대목표	언어와 문화, 문학적 특징을 통합하는 문학본연의 '정서' 학습을 통해 외국인 학습자가 「소나기」에 나타난 정서를 수용하고 표현할 수 있다.
	소목표	1) 작품에 나타난 한국 농촌의 배경을 바탕으로 형성되는 고향에 대한 정서와 전통적 정서를 사회문화적 맥락으로 이해할 수 있다. 2) 작품 감상을 위해 '비'와 관련된 언어적 정서를 인지하고 문학적 은유 표현을 할 수 있다. 3) 소년이라는 인물을 통해 나타난 정서를 이해하고 학습자의 문학적 경험을 개인적 경험으로 연장하여 문학적 정서로 표현할 수 있다.
교육 단계		교육 내용
1~2차시 문화적 배경 정서 교육		1) 작품을 읽기 전에 과제로 표현 목록을 배부한다. 학생들에게 농촌 문화, 소년, 소녀와 관련된 표현을 작성하게 하고 작품텍스트를 읽어 오게 한다. 2) 학생들에게 고향 혹은 어린 시절 시골에서 추억을 이야기하게 한다. 3) 작품 감상의 도입으로 문화 스키마와 관련하여 한국 농촌의 풍경과 전통적 모습을 나타내는 표현을 교육한다. 교사는 아래 표현과 관련된 사진을 학생들에게 보여주면서 한국 농촌의 토속적 정서를 느끼게 하고 작품의 배경이 되는 농촌의 풍경을 설명한다. - 한국 농촌의 배경 표현: 개울, 징검다리, 조약돌, 허수아비, 송아지, 원두막, 수수, 대추, 호두 등 - 늦가을 정취: 갈밭, 갈꽃, 벼 가을걷이, 추수가 끝난 벌판 등 - 전통 풍습: 제사(차례)를 지내다, 추석 선물을 보내다 - 전통적 사고: 전답을 팔다(재산을 팔다), 악상을 당하다(자식이 부모보다 먼저 죽어서는 안 된다) 3) 작품의 배경이 되는 계절과 날씨, 개울가의 풍경, 갈밭, 조약돌의 크기 등을 상상하며 학생들에게 그림으로 표현하게 한다. 작품의 배경이 묘사된 짧은 제시문을 주고 그림을 그리게 한 후 여러 명 혹은 대표 학생이 나와 칠판에 작품의 배경을 그려볼 수 있다.

3~4차시 경험 관련 정서 표현 교육	1) '비'하면 연상되는 것을 자유롭게 이야기하면서 문화적으로 표현될 수 있는 '비'에 대한 문화적 개념을 확인해 본다. 2) 나레이터, 소년, 소녀 대화의 역할을 정한 후 「소나기」를 낭독하면서 읽는다. 사건 순서에 따른 전체적인 줄거리를 파악하게 한다. 작품에 나타난 세부 이해를 점검한다. 이후 작품에 나타난 인물의 정서를 학습자의 경험과 관련된 스토리 형성과 말하기 교육으로 이끌어낸다. 3) 수줍음 - 좋아하는 이성 앞에서 창피했던 경험을 이야기한다. 소년이 소녀를 보고 도망가다가 넘어지는 장면을 제시글로 주고 칠판에 그렸던 그림을 배경으로 학습자가 소년과 소녀가 되어 마임으로 행동해본다. 좋아하는 이성을 대하는 소년의 수줍은 태도에 대한 자신의 생각을 이야기해 본다. 4) 친밀감 - 소년과 소녀가 친해지게 된 계기와 자신의 경험을 이야기한다. 5) 그리움 -「소나기」와 관련된 노래 예민의 <산골 소년의 사랑 이야기>를 듣고 소녀를 기다리는 소년의 마음을 상상해서 말해 본다. 그리고 누군가를 그리워하는 감정을 이야기해 본다. 6) 수줍음, 친밀감, 그리움과 같이 사랑할 때 느꼈던 자신의 감정을 중심으로 자신의 경험을 이야기한다.
5~6차시 문학적 정서 표현 교육	1) 작품을 감상한 후 '소나기'에 함축된 사랑의 은유적 표현과 작품에서 '비'가 주는 느낌을 이야기한다. 영화 <클래식>이나 드라마 <사랑비>의 한 장면을 보여 주고 소설과 비교해 느낌을 이야기할 수 있다. 2) 'A는 B다'는 은유 표현을 학습한다. 이 작품에서 사랑의 표현으로 나타나는 '소나기, 조약돌, 대추, 호두' 등을 찾아서 은유 표현으로 바꾸어 보고 이에 대한 설명을 쓰게 한다. **소나기는_____이다. _____기 때문이다.** 3) 이를 종합하여 사랑과 이별에 대한 주제로 문장 쓰기를 한다. **사랑은_____이다. 왜냐하면** **_____기 때문이다. 이별은_____이다.** **_____.** 4) 작품의 정서를 중심으로 '사랑'과 '이별'이라는 주제로 자신의 경험을 바탕으로 글을 작성하게 한다. 5) 은유 표현을 이용해 '사랑'과 '이별'이란 제목으로 짧은 시를 쓰게 할 수도 있다.

6. 결론

한국어교육에서 문학 교육은 '무엇'을 '어떻게' 지도하는가의 문제에 앞서 문학을 '왜' 지도하는가의 문제가 선결되어야 한다. 외국인에게 문학을 학습하는 이유를 찾는 것은 문학의 학습목표 설정과 관련이 깊다. 한국어교육에서 문학을 학습하는 목적은 문학이 가지고 있는 본연의 속성에서 찾아야 할 것이다. 이와 관련해 이 글에서는 문학 본연의 속성을 지닌 '정서'에 주목하여 한국어교육에서 문학 작품이 개별 교육의 의미가 아니라 문학 본연의 통합적인 목표로 수렴되는 문학 작품을 통한 정서 교육의 가능성을 모색하고자 하였다.

그 작업으로 현대 단편소설 「소나기」를 문학텍스트로 선정해 한국의 문학 작품을 접하는 외국인 학습자들이 작품의 정서를 이해하고 표현하는 과정을 고찰해 보았다. 진행 과정으로 학습자들이 자신의 문화적 배경에서 '비'를 어떻게 개념화하고 있는지를 살펴보았다. 그 결과 중국 학생들은 '비'에 대한 다양한 은유 표현을 나타내었다. 그리고 「소나기」 작품에 나타난 이성 간의 만남에서 '수줍음'이 '친밀감'으로, '친밀감'이 '그리움'으로 전환되고 환기되는 인물의 감정 변화를 중심으로 중국인 학습자가 해석하는 정서적 표현을 분석해 보았다. 분석 결과 중국인 학습자들은 '소년'이라는 인물의 정서를 '부끄러움'과 관련된 정서로 읽어내고 있으며 작품 전체에 나타난 소년의 '수줍음'이나 '쑥스러움', '창피함'과 관련된 세부 표현을 '부끄러움'이라는 큰 범주로 표현하고 있었다. 이와 같은 중국인 학습자의 정서 표현 양상을 바탕으로 「소나기」의 '정서'를 교육하는 방안을 모색하였다. 교육 내용의 측면에서 「소나기」의 정서를 사랑과 이별이라는 주제교육으로 접근하였고, 교수법의 측면에서 문학텍스트의 정서를 불러일으키는 지적 상상작용을 위한 방안을 제시하였다.

「소나기」는 중국 대학 한국어 문학 수업에서 많이 가르치고 있고 한국 어교육 분야에서 중국인 연구자의 연구도 많이 찾아볼 수 있는 작품이다. 이러한 현상은 이 작품이 중국인 학습자가 작품을 접할 때 작품에 나타 난 문화적 거리가 가깝고 정서적으로 수용이 용이하기 때문일 것이다. 「소 나기」는 중국인 학습자에게 정서적인 공감을 충분히 획득하고 있는 작품 으로 작품의 정서 표현 교육도 문학적 공감을 통한 보편 정서를 표현하 는 방향으로 진행될 수 있다. 이 연구가 한국어교육 현장에서 중국인 학 습자의 「소나기」 교수·학습에 활용되기를 기대해 본다.

(한중인문학연구 제42집)

참고문헌

1. 기본자료
황순원, 「소나기」, 『황순원문학전집 5』, 삼중당, 1973.

2. 단행본
김대행 편, 『고려시가의 정서』, 개문사, 1985, 7-30면.
윤여탁, 『외국어로서의 한국문학교육』, 한국문화사, 2007, 65-68면.
이상금, 『외국어 문학텍스트 독서론』, 한국문화사, 2006, 72-78면.
임경순, 『서사표현교육론』, 역락, 2003, 30-34면.
아리스토텔레스 외, 천병희 옮김, 『詩學』, 문예출판사, 2002.
루스 베니딕스, 김승호 옮김, 『국화와 칼』, 책만드는집, 2007, 323면.
제임스 그리블, 나병철 역, 『문학교육론』, 문예출판사, 1987, 180-197면.
폴 리쾨르, 박병수·남기영 편역, 『텍스트에서 행동으로』, 아카넷, 2002, 183면.
I. A. 리처즈, 이선주 옮김, 『문학 비평의 원리』, 동인, 2000, 143-144면.
Zoltán Kövecses, 임지룡·김동환 옮김, 『언어·마음·문화의 인지언어학적 탐색』, 역락, 2010, 197-296면.
R. Carter & M. N. Long, *Teaching Literature*, New York: Longman, 1991, pp. 6-10.

3. 논문
김순자, 「한국어교육에서 소설 텍스트 교육 연구」, 부산외대 박사학위논문, 2010.
김정우, 「중국의 한국어 고급 교재 분석」, 『한중인문학연구』제35집, 2012.
나정선, 「외국인을 위한 문학 교육 방법 연구」, 단국대 박사학위논문, 2008.
윤영, 「외국인을 위한 한국소설 교육 방안」, 이화여대 석사학위논문, 1999.
이소현, 「외국인 학습자를 위한 형용사 '부끄럽다'의 유의어 의미 변별의 기초 연구 및 지도방안」, 『언어와 문화』제3권 1호, 2007.
최지현, 「한국 근대시 정서체험의 텍스트 조건 연구」, 서울대학교 박사학위논문, 1997.

황인교, 「외국어로서의 한국문학교육의 가능태」, 『외국어로서의 한국어교육』 제2
5·26집, 연세대 한국어학당, 2001.

「소나기」와 『산사나무 아래』에 나타난 '사랑'의 정서 표현 비교
- 언어 표현과 감정의 흐름을 중심으로

1. 서론

황순원의 「소나기」는 순수한 사랑을 주제로 하는 한국의 대표적인 단편소설이다. 그렇기 때문에 「소나기」에 나타난 '비'와 관련된 첫사랑의 정서와 모티프는 소설, 영화, 드라마 등에서 자주 반복되며 현재까지도 한국 사람들의 정서적인 공감대를 형성하고 있다.[1]

김순자는 외국인 학습자들을 대상으로 가장 기억에 남는 한국 작품을 조사한 결과 "여러 작품 중에서 「소나기」가 빈도수에서 최고의 수치를 보였다"고 한다. 이 조사에서 다수의 외국인 학습자들이 「소나기」를 가장 기억에 남은 작품으로 꼽은 이유는 재미있는 줄거리와 내용이었다.[2] 이와 같이 「소나기」는 한국의 대표적인 명작으로 꼽히고 있으며[3] 현재에도

---

[1] 소설 「소나기」의 모티프와 연관할 수 있는 영화는 <8월의 크리스마스>와 <클래식>, <파랑주의보>, <연애소설>, <엽기적인 그녀>가 있고, 드라마는 <사랑비>, <그녀는 예뻤다> 등을 들 수 있다.
[2] 김순자, 「한국어교육에서 소설 텍스트 교육 연구」, 부산외대 박사학위논문, 2010, 39면.
[3] 연구자의 조사에서도 이와 같은 사실을 알 수 있다. 연구자가 2013년 9월부터 2014년 12월까지 한국외국어대학교 '한국 명작의 이해와 감상' 수업에서 문학 강좌를 수강하는

끊임없이 「소나기」를 모티프로 작품들이 창작되고 있고 해외에도 가장 많이 알려진 작품이다. 그럼에도 불구하고 「소나기」를 비교문학적으로 접근한 연구는 많지 않다.

「소나기」는 알퐁스 도데의 「별」과 비교하여 논의가 되었다. 도춘길은 「소나기」와 알퐁스 도데의 「별」에 나타난 표현을 중심으로 순수한 사랑의 모티프를 고찰한 바 있다.[4] 나정선은 「소나기」를 한국어교육의 관점에서 「소나기」를 「별」과 비교하여 교수하는 방안을 제시했다. 이를 위해 학습자를 학습목적별로 분류하여 일반 목적 학습자와 학문 목적 학습자, 결혼 이민자를 대상으로 교육 내용을 설계한 바 있다.[5]

「소나기」를 일본 소설과 비교한 박정이의 연구는 온천 지역을 배경으로 청소년의 사랑을 그린 가와바타 야스나리의 『이즈의 무희』와 「소나기」의 모티프를 비교하였다.[6] 나소정은 「소나기」를 몽골 소설 「솔롱고」와 비교하여 작품 제목인 '소나기'와 '솔롱고(무지개)'가 뜻하는 함의에는 '정주성'과 '유목성'이라는 문화적 특성이 내재함을 밝힌 바 있다.[7] 이와 같이 「소나기」는 표현과 모티프, 문화적 특성을 중심으로 여러 나라의 소설과 비교하여 접근된 바 있다.

「소나기」는 한국인에게 정서적 영향을 많이 끼치고 있는 소설이고, 한국인뿐만 아니라 중국인 한국어 학습자들에게 가장 많이 읽히는 작품이

한국인 대학생 200여 명을 대상으로 자신이 한국의 명작이라고 생각하는 작품을 순위별로 작성하는 조사 결과 가장 많은 학생들이 한국 명작의 1순위 작품을 「소나기」라고 응답한 바 있다.

4) 도춘길, 「順元의 "소나기"와 도데의 "별" 表現 比較」, 『우리어문연구』 제2권, 1988, pp. 253-268.

5) 나정선, 「외국인을 위한 문학 교육 방법 연구」, 단국대학교 박사학위논문, 2008.

6) 박정이, 「가와바타 야스나리 『이즈의 무희』와 황순원 『소나기』 비교 -시공간과 인물을 중심으로」, 『일어일문학』 제63권, 2014, 163-176면.

7) 나소정, 「한몽소설에 나타난 서정성의 두 의미: 유목성과 정주성 -로도이담바의 「솔롱고」와 황순원 「소나기」를 중심으로」, 『우리어문연구』 제31권, 2008, 337-360면.

기도 하다.8) 그럼에도 불구하고 「소나기」를 중국 소설과 비교하여 접근한 논문은 많지 않다. 주선자는 한국문화교육의 차원에서 「소나기」와 『산사나무 아래』의 결말 부분을 제시하고 중국인 학습자에게 두 소설에 나타난 '애틋함'의 정도를 비교하는 교육 방안을 제시한 바 있다.9) 한국의 「소나기」와 비교될 수 있는 아이미의 『산사나무 아래』는 순수한 사랑을 주제로 하는 중국의 현대소설이다. 아이미의 『산사나무 아래』는 실제 인물의 실화를 바탕으로 창작된 작품으로 장이머우 감독은 이 작품을 2010년 <산사나무의 사랑>이라는 영화로 제작한 바 있다.10)

이 글에서는 「소나기」와 『산사나무 아래』를 중심으로 두 작품에 나타난 '사랑'의 정서 표현과 사랑에서 기인하는 '애틋함'이라는 감정의 흐름을 비교하고자 한다. 이 글에서 두 작품을 비교하는 이유는 다음과 같다. 첫째, 두 작품은 한국과 중국의 순수한 사랑을 표현한 작품이며, 작품의 배경이 농촌이라는 공통점이 있다. 둘째, 작품의 창작시기와 관련한 배경의 서술을 비교할 수 있다. 두 작품의 창작시기를 살펴보면 「소나기」는 1953년에 발표되었고11), 『산사나무 아래』는 1977년 중국의 문화대혁명 시기를 배경으로 2008년에 발표된 작품이다. 이처럼 두 작품 사이에 창작시기와 시공간의 서술 차이는 있지만 두 작품은 모두 과거를 회상하게 하는 1950-70년대 농촌을 배경으로 하고 있고, 농촌에서 성장기를 보내는 인물을 중심으로 사건이 전개되고 있다. 셋째, 「소나기」는 한국의 명작을

---

8) 「소나기」는 한국어 고급 교재에 가장 많이 수록된 소설 작품으로 중국에서 출간된 교재에도 「소나기」가 가장 많이 수록된 것을 알 수 있다.

9) 주선자, 「한중 소설 비교를 통한 한국문화교육」, 서울대 석사학위논문, 2012.

10) 이가상, 「한중 멜로 드라마 비교 연구」, 한남대 석사학위논문, 2015. 이가상은 <8월의 크리스마스>와 <산사나무의 사랑>을 대상으로 한국과 중국의 멜로 영화를 비교했는데, 여기서 <8월의 크리스마스>가 「소나기」의 정서를 근간으로 하고 있음을 이야기한 바 있다. 이 논문에서는 <산사나무의 사랑>이 원작인 『산사나무 아래』의 메시지와 많이 달라진 점을 지적하였다.

11) 「소나기」는 한국전쟁으로 인해 작가가 부산으로 피난 가 있던 시기에 창작된 작품이다.

대표하는 단편 소설로 작품성을 인정받은 작품이고, 『산사나무 아래』는 중국의 대중들에게 베스트셀러로 읽힌 장편 소설이다. 이렇게 두 작품의 작품성이 등가(等價)의 위치에 있는 것은 아니지만 두 작품 모두 한국과 중국에서 대중성을 지닌 작품이고, 농촌에서 청소년기를 보내는 인물들의 순수한 사랑과 이별의 정서로 대중들의 공감을 얻은 작품이다. 이를 바탕으로 두 작품은 과거와 추억의 공간으로 농촌을 배경으로 하고 있고, 두 남녀의 순수한 '사랑', 죽음으로 끝맺는 '이별'이라는 공통점을 바탕으로 서로 다른 사랑의 정서를 표현하고 있음을 알 수 있다.

따라서 이 글은 「소나기」와 『산사나무 아래』를 대상으로 작품에 나타난 '사랑'의 정서를 형성하는 정서 표현의 방법 및 장치와 '애틋함'과 관련한 감정의 흐름을 중심으로 두 작품을 고찰할 것이다. 이를 통해 두 작품에 나타난 '사랑'의 정서 표현을 비교할 수 있을 것이다.

2. '사랑'의 정서와 문학에서의 정서 표현

'사랑'과 관련된 개념은 일찍이 소크라테스가 언급한 에로스의 개념을 플라톤이 정리한 것에서 찾을 수 있다. 플라톤은 『향연』에서 지혜는 아름다운 것에 속하는데, 에로스는 아름다운 것에 관한 사랑(에로스)이라 언급하고 있다. 그렇기 때문에 에로스는 필연적으로 아름다움에 속하는 지혜를 사랑하는 자가 된다.[12] 또한 스피노자는 '사랑'을 인간 본성의 감정으로 개념화하여 증명한 바 있다. 스피노자는 『에티카』에서 '사랑'은 외적 원인의 관념을 수반하는 기쁨이며, 증오는 마찬가지로 외적 원인의 관념을 수반하는 슬픔이므로, 이러한 기쁨과 슬픔은 사랑 및 증오의 일종이라

---

12) 플라톤 지음, 강철웅 옮김, 『향연(Symposion)』, 이제이북스, 2014, 131면.

고 한 바 있다.13)

또한 들뢰즈에 따르면 기호는 한 신체가 다른 신체의 활동으로부터 영향을 받는 효과(effect)로 이를 곧 촉발(affections)이라 하며, 이러한 촉발은 자신을 지속하는 효과를 지닌다고 했다. 그래서 이러한 촉발(affections)은 정서(affection)에 가까운데, 정서는 감각이나 지각의 촉발처럼 스칼라(scala) 기호가 아니라 증감(增減)의 기호,(환희-슬픔처럼) 벡터 기호14)가 된다는 것이다. 들뢰즈가 스피노자의 '정서'의 개념으로 언급한 affection은 능동적인 감정과 수동적인 감정(정념)을 포함한 것으로 해석할 수 있다.

최근 심리학에서 '정서'는 emotion의 개념으로 '감정'의 의미를 포함하여 사용하고 있다. 일시적인 감정의 촉발(affections)과 구별되는 affection이 외적 원인에 따른 증감이라면 emotion은 사회적, 문화적으로 지속적인 영향을 미치는 '정념'의 형태로 나타난다. 이러한 정서 즉 emotion은 문화 특정적 방식을 형성하는 과정인 정서의 사회적 구성(social construction of emotion)에 따라 학습되고 형성된다. 그러므로 현대적인 개념에서 정서(emotion)는 사회적으로 학습되고 형성되는 개인의 지속과 관련한 효과를 의미한다. 이러한 정서는 인간의 원초적인 감정과 함께 사회문화적으로 학습되는 문화적 정서와 예술 작품을 향유하는 미적 정서로 표현될 수 있다.

최근 심리학에 기초하여 swidler가 말한 낭만적 사랑의 정서는 문화적 각본으로 형성된다고 한다. 미국 문화의 낭만적 사랑에서 헐리우드식 번개 같은 사랑이나 시간이 흐름에 따라 발달하는 사랑 모두 사회적으로 구성된 이야기로 연애 관계가 어떻게 작동해야 하고 어떤 경험 및 감정

---

13) B. 스피노자 지음, 황태연 옮김, 『에티카』, 비홍출판사, 2014, 187면.
　　사랑과 증오는 외부의 대상과 관계되어 있기 때문에, 이 감정은 명예, 치욕, 자기만족, 후회 등 다른 이름을 나타낼 수 있다.
14) 질 들뢰즈 지음, 김현수 옮김, 『비평과 진단』, 인간사랑, 2000, 242-243면.

이 수반되어야 하는지 사랑에 대한 사고방식 각각이 문화적 창조물이 되는 것이다.15) 동양의 경우 전통적인 '사랑'의 개념은 '연(戀)'이다. 권보드래에 따르면 한국·중국·일본을 지배했던 전통적인 한문의 세계에서 남녀 사이의 열정을 가리킬 때 주로 쓰인 글자는 '연(戀)'이었는데, '애(愛)'라는 글자가 서양풍의 의미를 담고 쓰이기 시작하면서 '연애'라는 복합어가 등장했다고 한다. 여기서 '연애'라는 말은 'Love' 중에서도 남녀 사이의 사랑만으로 번역되는 개념으로 '사랑'이라는 단어를 거침없이 발음하게 된 것도 오래된 일은 아니었다. 한국어에서 '사랑하다'는 오래도록 '생각하다'는 뜻이었고, 의미 변화가 이루어진 후에도 자주 쓰이는 단어는 아니었던 것이다.16)

이렇듯 한국어에서 '사랑하다'는 의미는 즉각적인 만남이 아닌 오랜 시간성과 시간을 함께 한 지속적인 감정을 전제로 한다. 이렇게 오래도록 생각하는 사랑의 의미는 '정(情)'이라는 한국의 특수 정서로 설명될 수 있다. 표준국어대사전은 '정'을 느끼어 일어나는 마음, 사랑이나 친근감을 느끼는 마음으로 정의하고 있다. 또한 '정'은 오랜 시간을 함께 하는 과정에서 생겨난다. 최상진은 대학생들에게 '정든다'라는 말을 들었을 때 연상되는 내용의 질문 결과 정과 관련된 연상 내용을 역사성(오랜 세월, 추억, 어린 시절 등), 동거성(동고 동락, 같이, 가깝게 등), 다정성(포근함, 푸근함, 은근함, 애틋함 등), 허물없음(이해, 수용, 믿음직함, 든든함 등)의 네 가지로 범주화한 바 있다.17) 이러한 최상진의 정(情) 연구에 대하여 김정운은 정(情)이라는 현상은 근본적으로 인간사이의 "관계적 정서"가 문화적으로 개념화된 결과

---

15) 낭만적 사랑에 대한 미국식 각본은 다음과 같다. '그들은 만났고 첫눈에 반했다. 그(그녀)에게 다른 여자(남자)란 있을 수 없었다. 누구도 그들의 사이를 갈라놓을 수 없었다. 그들은 장애물을 극복하고 영원히 행복하게 살았다.' James W. Karat, Michelle N. Shiota, 민경환, 이옥경, 김지현, 김민희, 김수안 옮김, 『정서심리학』, 시그마프레스, 2007.

16) 권보드래, 『연애의 시대』, 현실문화연구, 2003, 13-16면.

17) 최상진, 『한국인 심리학』, 중앙대학교출판부, 2000, 49면.

라고 해석하였다.[18]

기쁨과 슬픔이 인간의 보편 감정이라면 정(情)과 한(恨)은 한국인의 특수 정서라 할 수 있다. 여기서 정(情)은 사람 사이의 관계에서 야기되는 기쁨을 근간으로 하고, 한(恨)은 외적 요인에 대한 슬픔에 기반하고 있다. 그런데 '정'과 '한'은 대립되는 정서가 아니라 정한(情恨)이라는 복합된 감정으로 표현될 수 있다. 정운현은 남녀 간 애정의 밑바닥에 깔려 있는 정서를 '그리움'과 연관된 정(情)과 한(恨)으로 보았다.[19] 이러한 정한의식에 관하여 정전근은 고려가요의 「가시리」와 황진이의 시조, 그리고 김소월의 「진달래꽃」과 서정주의 「귀촉도」에 나타난 떠나보냄에 관하여 밖으로는 평범한 듯이 보이지만 그 내면의 아픔이나 슬픔의 농도는 짙게 나타남을 언급하였다.[20] 또한 양진채는 정한의식이 그리움의 지나침 감정이며 사랑으로 인한 설움의 감정을 표현함으로 보았다.[21] 이와 같은 슬픔과 기쁨의 복합체인 정한의식을 대표하는 감정은 '애틋함'으로 설명될 수 있다.

한편 문학에서의 정서 표현과 관련해 듀이는 『경험으로서 예술』에서 정서를 예술가의 활동을 움직이게 하고 접합시키는 힘으로 보고 있다. "표현은 탁한 정서의 정화"라고 한 바와 같이 듀이는 예술가의 활동을 움직이게 하고 접합시키는 작가의 정서 표현 행위에 주목하였다.[22] 이에 비해서 Robert Stecker는 우리에게 특별한 정서를 느끼게 하는 특별한 무엇인가를 예술작품의 정서 표현으로 보고 문학과 음악, 그림에서 표현되는 정서의 특징을 고찰하였다.[23]

---

18) 김정운, 「관계적 정서와 문화적 정서」, 『한국심리학회지』 제20권 2호, 2001.6, 389-407면.
19) 정운현, 『情이란 무엇인가』, 책보세, 2011, 32면.
20) 정전근, 「離別의 情恨: '가시리'에서 '歸蜀途'까지」, 『明知語文學』 제8권, 1976. 182-187면.
21) 양진채, 「한국어교재 현대소설텍스트에 나타난 정한(情恨)의식 양상 연구」, 경인교육대학교 석사학위논문, 2015.
22) 존 듀이 지음, 이재언 옮김, 『경험으로서 예술』, 책세상, 2003.

임화는 「예술적 인식과 표현수단으로서의 언어」에서 한 개의 말은 기분, 정서 등 우리가 항용 형용할 수 있다는 모든 과정을 인지하고 표출하는 유일의 수단이며, 대외적 감각으로부터 주관적 표현에 이르기까지 사유가 수행하는 모든 기능은 언어의 형식으로써만 가능하다고 한 바 있다.24) 이처럼 문학에서 한 개의 말은 우리의 정서를 인지하는 표현 수단으로 문학적 정서를 표현하게 된다.

이상의 논의를 바탕으로 문학에서의 정서 표현은 작품의 정서 표현과 작가의 정서 표현, 독자의 정서 표현으로 생각할 수 있다. 여기서 작품의 정서 표현은 화자 혹은 서술자가 발화로 표현하는 정서를 의미한다. 작가의 정서 표현은 작가의 언어와 의식을 표현한 것으로 예술가의 활동을 움직이게 하고 접합시키는 힘이 된다. 이에 비해서 독자의 정서 표현은 독자가 작품에서 발견한 정서를 표현한 것이라 할 수 있다. 이에 따라 정서 표현의 구조는 작품의 정서 표현, 작가의 정서 표현, 독자의 정서 표현으로 볼 수 있다. 여기서 작가와 작품, 독자의 정서 표현은 창작자 중심의 전기적 관점과 작품의 구조와 관련된 표현론적 관점, 독자의 수용론적 관점으로 고찰할 수 있다.

다음 장에서는 작품의 구조와 관련된 표현론적 관점에서 작품에서 '사랑'의 정서를 형성하는 언어 표현을 소재 및 배경적 측면에서 살펴보고, 이와 관련한 인물 설정을 보편성과 특수성의 측면에서 고찰할 것이다. 또

---

23) Robert Stecker, "Expression of emotion in (some of) the arts", *The Journal of Aesthetcs and Art Criticism*, Vol. 42(Summer, 1984), pp. 409-418.
이 연구에 따르면 문학에 비해서 음악은 정서를 명백히 발화하지 않으며 준-개념의 상상 활동으로 음악의 수용자가 자신의 감정으로서 음악 감상의 경험을 표현하는 음악의 비표현적 특징을 강조한다. 예를 들면 음악 작품의 수용자는 작품 감상의 경험을 '슬픔'이라고 표현하게 된다. 그림 역시 이미지를 보고 느낀 감정을 독자는 자신의 경험을 바탕으로 언어적으로 재구성하게 된다.
24) 임화, 『文學의 論理』, 서음출판사, 1998. 357-358면.

한 작품의 결말 처리 비교와 관련하여 '사랑'에서 기인하는 '애틋함'의 감정 흐름을 비교할 것이다.

3. 정서 표현의 방법 및 장치 비교

1) 은유 표현과 환유 표현

야콥슨은 문학에서 언어의 기능과 관련하여 언어 전달 행위의 구성요소를 발신자, 수신자, 메시지, 관련 상황, 약호 체계, 접촉으로 분류하고 언어 전달에 관여하는 6개의 기본적 기능을 제시하였다. 우선 발신자의 언어 전달 행위는 감정 표시적, 표현적 기능을 한다. 이에 대해 수신자는 능동적 기능을 하고 메시지는 언어의 시적 기능을 한다. 그리고 관련 상황은 지시적, 외연적, 인지적 기능을 하며 약호 체계는 메타언어적 기능이 있고 접촉은 친교적 기능을 한다. 여기서 야콥슨은 언어의 시적 기능인 메시지에 주목했다. 언어의 시적 기능은 기호 그 자체의 특성을 돋보이게 하는 기능으로 선택(selection)과 결합(combination)의 원리로 나타난다. 선택은 등가성을 지니며 유사성과 상이성을 나타내며, 결합은 배열과 인접성을 나타낸다. 이에 따라 언어의 시적 기능은 등가의 원리를 유사성과 상이성을 나타내는 선택의 축에서 배열과 인접성을 나타내는 결합의 축으로 투사한다.[25]

야콥슨의 이러한 논의에 따라 은유적 표현은 유사성을 근간으로 동일한 대상을 지칭하는 두 개의 상징을 나타내고, 환유적 표현은 인접성을 근간으로 언어의 위계적 층위를 나타낸다. 이렇듯 은유가 한 사물을 다른 사물의 관점에서 말하는 방법이라면, 환유는 한 개체를 그 개체와 관련

---

25) 로만 야콥슨, 신문수 편역, 『문학 속의 언어학』, 1989, 61면 참조.

있는 다른 개체로써 말하는 방법이다. 그래서 은유의 기능이 주로 사물의 개념을 이해하는 데 있다면, 환유는 사물이나 개념을 지칭하는 데 그 기능이 있다. 달리 말하면 은유가 이해를 위한 장치인 반면 환유는 지칭을 위한 장치라고 할 수 있다.[26)]

「소나기」에서 '소나기'는 핵심어의 기능을 하며 어린 시절 세차게 왔다가 사라져버리는 사랑의 속성에 대한 은유 표현으로 나타난다. 그리고 농촌이라는 배경 속에서 가을 햇살, 갈밭, 추수 등의 표현은 늦가을의 정취를 느끼게 하는데, 작품 속 '소나기'는 늦가을 한 때 잠깐 내렸다 그치는 비로 소년과 소녀의 사랑을 더욱 성숙하게 하고 한층 성장시키는 매개체 역할을 한다. 이 작품에서 '소나기'는 늦가을 한국 농촌의 정취와 함께 '소나기'와 같이 세차게 왔다가 사라진 사랑의 성장의식을 작품 전체에 유기적으로 연결하고 있다.

또한 「소나기」에서 '조약돌', '대추', '호두', '비를 맞을 때 입었던 옷'은 '그리움'과 '친밀감', '아쉬움'과 '추억'의 속성을 내재하며 '사랑'의 정서를 형성하는 은유 표현이 된다. 이 작품에서 소녀가 보고 싶은 소년의 '그리움'은 소녀가 던진 '조약돌'로 전이되어 소년의 허전한 마음을 표현하고 있다. 그리고 소녀가 소년에게 건넨 '대추'는 소년과 친해진 소녀의 '친밀감'을 표현하며, 소녀에게 주지 못한 소년의 '호두'는 이별에 대한 '아쉬움'을 나타낸다. 소녀가 죽을 때 함께 묻어달라고 했던 '비를 맞을 때 입었던 옷' 역시 소년과의 '추억'을 상징하는 표현이 된다. '소나기'와 함께 '조약돌', '대추', '호두', '비를 맞을 때 입었던 옷'과 같은 표현들은 작품 전체에서 '사랑'의 정서를 형성하는 '그리움'과 '친밀감', '아쉬움'과 '추억'을 나타내는 은유 표현이라 할 수 있다.

이에 비해서 『산사나무 아래』에는 특수한 시대 상황에 대한 표현이

---

26) 김욱동, 『은유와 환유』, 민음사, 1999, 194면.

'사랑'의 정서로 치환되는 환유 표현이 사용되고 있다. 이를테면 『산사나무 아래』에서 '산사나무 꽃'은 흰 꽃이 붉은 피로 물들어 붉은 꽃이 되었다는 '항일'의 희생에서 시작하여 문화대혁명 시기 '혁명'의 나무가 되고 결국 '산사나무 꽃'은 작품 속 인물들에게 '사랑'의 의미로 치환된다. 문화혁명 시기 사랑이라는 단어는 금기시되고 러시아 노래 <산사나무>는 금지곡이 된다. 그래서 『산사나무 아래』의 여성 인물 징치우는 남성 인물인 쑨젠신을 처음 만났을 때 사랑이라는 감정의 표현 대신 쑨젠신을 '마오쩌둥 어록' 같았다고 표현하게 된다. 또한 쑨젠신이 사랑을 고백했을 때 징치우는 '사랑이라는 단어를 직접 듣기는 처음'이었고, '당시에는 사랑을 말하려면 다른 단어를 사용해 돌려서 말하곤 했다'고 서술하고 있다.

이렇듯 이 작품에서 사랑은 '산사나무 꽃'으로 상징되며 산사나무 아래에서 두 남녀의 만남과 산사나무 꽃이 피는 5월에 만나자는 약속, 그 약속을 함께 하지 못한 채 산사나무 아래 쑨젠신이 묻히면서 '산사나무 꽃'은 사랑과 이별의 애틋함을 증폭하는 매개체가 된다. 그 과정에서 징치우가 처음 마을에 취재를 왔을 때 마을 사람들에게 들은 항일의 희생을 지칭하는 '산사나무 꽃'의 의미는 산사나무 아래 묻힌 쑨젠신을 기억하게 하는 한 남성의 헌신적인 사랑의 의미로 치환된다.

이와 같이 「소나기」에서 핵심 의미가 되는 '소나기'는 세차게 왔다가 사라지는 사랑의 성장의식을 의미하는 은유 표현이라 할 수 있다. 이와 더불어 '조약돌', '대추', '호두', '비를 맞을 때 입었던 옷'도 작품에서 사랑의 정서를 유기적으로 표현하는 은유 표현이 된다. 이와 비교했을 때, 『산사나무 아래』의 핵심 의미인 '산사나무 꽃'은 항일과 혁명을 대표하는 붉은 꽃이 한 남성의 헌신적인 '사랑'으로 치환되는 환유 표현으로 나타남을 알 수 있다.

2) 인물 설정

앞서 언급된 「소나기」와 『산사나무 아래』에 나타난 은유와 환유 표현은 각 작품에 나타난 배경적 정서와 인물 유형과 연관이 깊다. 철학적인 입장에서 은유와 환유는 중요한 차이를 나타내는데 은유는 보편성이나 일반성을 중시하고, 환유는 보편적이고 일반적인 것보다는 특수한 것이나 개별적인 것을 강조한다. 은유는 언어의 밑바닥에 깔려 있는 심층적 논리를 기초로 연관성을 찾아내는 반면, 환유는 인간을 사건과 상황의 구체적인 역사 세계 안에 몰아넣기 때문이다.27) 이에 따라 작품에 나타난 배경과 인물 설정도 다른 의미를 가지게 된다.

먼저 「소나기」는 고향의 정서를 야기하는 '농촌'을 배경으로 소년과 소녀의 만남과 친해짐, 그리고 이별의 애틋함을 자연 현상에 따른 만남과 이별의 보편적 시간 구도로 표현하고 있다. 「소나기」에서 시대적 배경은 소녀가 윤초시네 증손녀라는 사실과 소녀네가 전답을 모두 팔아버리고 양평읍에서 작은 가겟방이라도 보게 될 것이라고 언급된 것으로 미루어 전통 사회에서 근대로 넘어가는 시기일 것이라고 얼핏 짐작될 뿐이다. 「소나기」는 서울에서 살던 윤초시댁 증손녀인 '소녀'와 농촌 마을에 사는 '소년'의 이야기로 성장 배경이 다른 두 인물을 중심으로 사건이 전개된다. 이 작품의 인물은 이름대신 '소년'과 '소녀'라는 명사로 명명되고 있다. 작가가 인물의 이름을 명사로 대신한 이유는 이 작품이 특정한 인물의 이야기를 한다기보다 성장기를 거치는 대다수 사람들의 이야기가 될 수 있다는 가능성을 열어두고 있기 때문이다. 이러한 '소년'과 '소녀'는 서로 다른 특징을 보인다. 이 작품에서 '소녀'는 분홍 스웨터를 입은 하얗고 병약한 도시 아이 이미지로 결국 병으로 세상을 뜨고 마는 가련미28)

---

27) 김욱동, 앞의 책, 266면.
28) 이규태는 '가련미는 가엾은 배려를 받는 수동미요, 인정을 베풀기를 지긋이 기다리는

를 지닌 인물로 나타난다. 이와 대조적으로 '소년'은 순수하고 건강한 전형적인 시골 소년으로 무뚝뚝한 성격이지만 소녀에게 꽃을 꺾어주며 상처를 치료해주고 송아지를 타면서 자랑스러움도 느끼는 다정한 인물이다. 이때 '소나기'는 병약한 도시 '소녀'와 건강한 시골 '소년'의 애틋한 사랑과 이별을 야기하는 매개체가 된다.

「소나기」와 마찬가지로 『산사나무 아래』역시 '농촌'을 배경으로 하고 있다. 그렇지만 『산사나무 아래』의 '농촌'은 문화혁명 당시 대약진 운동으로 지식인들이 파견된 농촌이다. 그래서 이 작품은 역사적 특수성이 반영된 '시춘핑'이라는 특정한 농촌이 배경이 된다.

이와 함께 혁명기의 농촌에서 살아가는 인물의 유형 역시 특수성을 나타낸다. 『산사나무 아래』의 주요 인물인 쑨젠신과 징치우의 공통점은 두 사람 모두 지식인이라는 점이다. 그렇지만 문화혁명 당시라는 특수한 시대 상황 때문에 쑨젠신은 혁명분자이고 징치우는 자산계급이 되는 특이한 신분적 차이를 보인다. 이렇게 쑨젠신과 징치우는 특정한 시대를 살아가는 특수성을 지닌 인물로 남녀의 이미지 역시 연약한 여성과 강한 남성이라는 기존의 고정관념과 상반된 인물로 설정되고 있다.

먼저 남성 인물 쑨젠신은 혁명 당시 '레이펑'[29]이라는 모범적 인물을 연상하게 하는 착한 남자의 이미지를 보인다. 쑨젠신은 아코디언을 연주하며 징치우에게 누룽지를 만들어주기도 하며 징치우를 비롯한 다른 사람을 돕는 일에 헌신적인 남성으로 묘사된다. 이에 비해서 징치우는 강인한 생명력을 가지며 생산 활동을 하는 건강한 여자로 등장한다. 징치우는

약체미이다. 가엾다는 말이 아름답다는 말로 전화되는 그 과정이 적이 한국적이며 그 것은 약자를 자처하며 약자 편에 들어 약자에 공감하는 의식구조의 소산'이라고 한 바 있다. 이규태, 『한국인의 의식구조 2』, 신원문화사, 1983, 207면.

29) 레이펑은 중국 인민해방군의 모범병사로, 공산주의청년단에 들어가 각지의 농장이나 공장에서 봉사활동을 계속한 인물이다.
아이미 장편소설, 이원주 옮김, 『산사나무 아래』, 포레, 2013, 100면 본문주.

손수 신발을 만들고 뜨개질 솜씨와 작문 실력도 상당한데다가 배구와 탁구선수를 동시에 하는 다재다능한 여자이다. 또한 그녀는 임시공으로 공사장 노역활동을 하면서 가족의 생계를 책임지는 강인한 여성 인물로 표현된다. 이 작품에서 착한 남성 인물 '쑨젠신'과 강인한 여성 인물인 '징치우' 모두 혁명기의 여성과 남성을 대표하는 인물 유형으로 특수한 시대를 대표하는 인물의 전형성을 보이고 있다.

이에 따라 「소나기」는 농촌이라는 공간에 '소년'과 '소녀'라는 보편성으로 지칭되는 인물을 설정하고, 작품에서 형성되는 사랑과 이별의 정서를 '소나기'라는 은유 표현으로 함축하여 표현하고 있는 것을 알 수 있다. 이에 반해, 『산사나무 아래』는 특정 시기의 역사적 특수성을 바탕으로 '산사나무 꽃'이 항일과 혁명에서 두 남녀의 순수한 사랑으로 치환되는 환유 표현으로 나타나는 차이점을 보이고 있다. 또한 『산사나무 아래』의 인물도 남을 위해 헌신하는 남성 인물과 노동하는 강인한 여성 인물이라는 혁명기의 특수한 인물로 설정되고 있다.

3) 결말 처리

「소나기」와 『산사나무 아래』의 결말은 남녀 두 사람 중 한 사람의 죽음으로 끝이 난다는 공통점이 있다. 「소나기」에서는 소녀가 죽고, 『산사나무 아래』에서는 쑨젠신이 죽음을 맞이한다. 그러나 두 작품에서 결말을 서술하는 방식은 차이가 있다. 「소나기」에서 소년은 소녀에게 자신의 마음을 직접 전달하지 못한 채 소녀의 마지막 유언을 전해 들음으로써 소녀도 소년을 좋아하고 있음을 짐작하게만 할 뿐이다. 이에 비해서 『산사나무 아래』의 징치우와 쑨젠신은 이미 사랑 고백을 한 상태이고 자신의 불치병을 숨겨온 쑨젠신을 징치우가 만나게 되면서 사랑하는 사람을 보내는 마지막 순간을 함께 하게 된다.

또한 「소나기」는 농촌이라는 공간적 배경이 사회성이 배제된 서정의 공간으로 인물들에게 중요한 의미를 가진다. 이를 테면 소년은 이사를 가게 되었다는 '소녀'에게 '개울가'로 나와 달라는 말을 하지 못해서, 몰래 딴 '호두'를 전해주지 못한다. 이에 비해서 『산사나무 아래』는 문화혁명이라는 시대적 배경이 작품 전체에 중점적으로 서술되어 있다. 그리고 산사나무 꽃이 피는 5월은 작품에서 많은 의미를 내포한다. 가령 쑨젠신은 자신을 의심하는 징치우와 '화해'하기 위해 산사나무 꽃이 피는 5월에 만나자는 약속을 하게 된다. 그렇지만, 5월이 되기 전에 쑨젠신이 죽음으로써 그 약속은 지킬 수 없게 된다. 이에 따라 「소나기」에서는 '개울가'라는 공간이 마지막 만남의 장소가 되고, 『산사나무 아래』는 5월이라는 '꽃'이 피는 시기가 약속 시간이 되지만 두 작품 모두에서 그 만남은 불가능한 것으로 나타난다.

결과적으로 「소나기」의 결말 부분은 '개울가'에서 소녀를 만나지 못해 그리워하던 소년이 몰래 딴 호두를 소녀에게 전해주지 못한 아쉬움과 소녀의 죽음을 부모에게 전해 듣게 되는 안타까움을 나타낸다. 이에 비해서 『산사나무 아래』에서 징치우는 산사나무 꽃을 쑨젠신과 함께 보러 가지 못하고 병원에서 죽어가는 쑨젠신을 직접 만난다. 또한 이 작품에서는 쑨젠신의 죽음보다는 죽음 이후 그가 남긴 일기장과 해마다 5월이면 찾아가는 그가 묻힌 '산사나무 아래'로 인해 한 남자의 순수한 '사랑'이 오랜 시간 기억되고 있음을 보여주고 있다.

4. 두 작품에 나타난 '애틋함'의 감정 흐름

'애틋하다'의 사전적 정의를 살펴보면 '섭섭하고 안타까워 애가 타는 듯하다'와 '정답고 알뜰한 맛이 있다'로 요약된다. 이러한 '애틋하다'의 의미는 만남과 헤어짐에 관한 여러 상황적 의미로 쓰이는 섬세한 감수성이 보이는 표현이다.[30] 조영언이 펴낸 『한국어 어원사전』을 보면 '애틋하다'의 '애'는 창자에서 기인한 말이다. 이러한 '애'가 근심에 싸인 마음속을 가리키는 말로 발전하여 '애 끊는다', '애쓰다', '애타다' 등으로 흔히 쓰이고 있다.[31] 그래서 애틋한 그리움의 감정을 '애가 탄다'로 표현하기도 한다. 이러한 애틋함과 관련하여 윤의섭은 '섭섭하고 안타까워 애가 타는' 감정과 '정답고 알뜰한 맛이 있다'는 두 가지 의미로 시조의 정서를 고찰한 바 있다.[32] 이와 같이 애틋함은 '정답고 알뜰한 맛이 있고', '섭섭하고 안타까워 애가 타는' 감정을 동시에 담은 정한(情恨)의 정서라고 할 수 있다.

「소나기」는 작품 전체적으로 소년과 소녀의 정한(情恨)이 담긴 애틋한 사랑의 정서를 형성하고 있다. 「소나기」의 전반부 정서는 소년과 소녀의 개울가에서의 서먹한 만남이 지속되지만, 산에서 '소나기'를 함께 피하면서 두 사람은 정다운 친밀감이 형성된다. 소년은 산에서 소녀에게 꽃도 꺾어주고, 다친 소녀의 상처도 치료하며 물이 불은 도랑을 건널 때 업어주기도 하는 헌신적인 모습을 보인다. 그러나 '소나기'를 맞은 이후 소녀가 보이지 않자 '소년'은 소녀를 그리워하며 애 타게 소녀를 찾게 된다. 또한 이사 간다는 소녀를 위해 아무 것도 하지 못한 채 소년은 소녀의 마지막 유언마저 부모님의 이야기로 몰래 듣게 된다. 이렇듯 작품 전반부의 정서는 두 사람의 서먹한 만남이 친밀감으로 변화하는 '정다움'을 형성하고 있다. 그렇지만 '소나기'를 매개로 작품 후반부의 정서는 '섭섭하고 안

---

30) 한글학회, 『우리 토박이말 사전』, (주)어문각, 2002, 1417면.
31) 이재운 외 편저, 『뜻도 모르고 자주 쓰는 우리말 1000가지』, 예담, 2008.
32) 윤의섭, 「애틋함의 시학」, 『열린시학』 제13권 1호, 2008. 3, 185-192면.

타까워 애가 타는 듯'한 애틋함을 표현하고 있다.

이렇듯 「소나기」는 '소년'의 심리를 다양한 감정의 변화로 표현하고 있는데, 소녀를 처음 보았을 때 '소년'은 수줍은 태도를 보이며 적극적으로 다가가지 못하는 모습을 보인다. 그리고 소녀를 피하다가 자신이 넘어져 코피가 난 것을 소녀가 보았을 것이라 생각한 소년은 쥐구멍이 있으면 숨고 싶은 '창피함'을 느낀다. 소년과 소녀의 이 같은 만남에서 '소년'에게 나타난 감정은 수줍음과 창피함을 포함하는 '부끄러움'이다. 그리고 산에서 '소나기'를 함께 맞은 후 소년은 소녀에 대한 그리움에 쌓인다. 이러한 '그리움'은 처음 소녀가 소년에게 던졌던 조약돌로 전이되어 소녀가 보고 싶을 때마다 소년은 조약돌을 보게 된다. 그리고 소녀에게 주기 위해 덕쇠할아버지네 호두를 몰래 땄지만 결국 전해 주지 못하고, 소녀의 유언을 부모님의 이야기로 듣게 됨으로써 소년과 추억을 간직하고 싶은 소녀의 마음을 알게 되는 '안타까움'이 나타난다. 이와 같이 이 작품의 대부분이 소년의 심리 상태를 중심으로 서술되고 있어, 소년의 소극적 성격에서 기인한 섬세한 감정의 흐름이 더욱 부각되고 있다.

이와 반대로 '소녀'는 상대적으로 외향적이고 행동적인 모습인데, 행동과 대화의 대부분이 직접적인 발화로 서술되고 있다. 예를 들면 소녀가 소년에게 조약돌을 던지는 모습과, 소년과 함께 산에 가자고 한다거나 소녀가 소년에게 대추를 전하면서 이사를 가게 되는 소식을 직접 말하고 있는 것이 그러하다.

이와 같이 「소나기」는 소년과 소녀의 만남과 이별의 과정에 나타나는 '애틋함'이라는 섬세한 감정이 '수줍음'과 '창피함', '정다움'과 '그리움', '안타까움'과 같은 다양한 감정의 변화로 표현되고 있음을 알 수 있다.

『산사나무 아래』역시 인물들이 처음 만났을 때 느끼는 감정은 '부끄러

움'이다. 「소나기」에서는 무뚝뚝한 소년이 소녀에 대한 '부끄러움'을 나타
낸 반면, 『산사나무 아래』는 여성 인물인 징치우가 쑨젠신과 신분의 차이
에서 오는 창피함과 부끄러움을 표현하고 있다. 『산사나무 아래』의 징치
우는 문화혁명 시기 지주 계급의 자손인 '아버지'와 역사 반혁명분자의
자녀인 '어머니' 그리고 징치우 자신은 '교육 가능한 자녀'로 사상 개조를
받는 인물이다. 낡은 오빠의 옷과 해방화를 신고 있던 징치우는 흰 셔츠
에 가죽구두를 신고 표준어를 구사하는 쑨젠신을 보고 창피함을 느낀다.
쑨젠신과 만남에서 징치우가 느끼는 감정은 대부분 신분의 차이로 인한
체면의 손상에서 오는 창피함과 이런 자신을 사랑하는 쑨젠신을 향한 의
구심으로 나타나며 이 사랑이 수치로 끝나지 않을지 걱정하기도 한다. 징
치우의 어머니 역시 딸의 결혼을 염려하며 징치우가 25살이 될 때까지
기다리라고 제안하는 모습을 보인다.

이와 달리 쑨젠신은 징치우를 끊임없이 쫓아다니며 징치우의 어머니를
위해 얼음과자와 호두를 준비하고, 징치우에게 만년필을 선물하는 등 적
극적인 구애의 모습을 보인다. 그리고 공사장에서 일하는 징치우에게 장
화를 선물하고 운동복을 마련하는 등 끊임없는 관심을 보내며, 산사나무
꽃을 전달하고 발을 씻기는 헌신적인 모습을 보인다. 그러나 결국 징치우
는 백혈병에 걸린 쑨젠신을 병원에서 마지막으로 만남으로써 그를 떠나
보내게 된다.

이와 같이 「소나기」와 『산사나무 아래』에 나타난 감정의 흐름은 두 사
람의 서먹하고 수줍은 만남에서 시작되어 정다운 친밀감이 형성되는 공
통점이 있지만 두 작품에 나타난 '사랑'과 '이별'과 관련된 애틋함은 차이
가 있다. 우선 「소나기」는 12세의 어린 소년과 소녀의 이야기로 개울가의
수줍은 만남에서 시작해 산에서 함께 '소나기'를 피하면서 친밀감이 형성
되는 사랑보다는 우정의 의미가 강하게 나타난다. 반면에 『산사나무 아래』

는 성인에 가까운 인물들인 두 남녀의 진한 사랑의 표현이 강하게 나타
난다. 그리고 마지막 '이별'과 관련해서 「소나기」는 그리움과 아쉬움, 안
타까움과 같은 '애틋함'의 여운이 깊게 남겨진 반면, 『산사나무 아래』는
한 남성의 호의와 관심, 헌신을 비롯해 그가 남긴 일기와 해마다 5월이면
찾아가는 그가 묻힌 산사나무 아래를 통해 죽음 이후에도 기억되는 순수
한 사랑의 의미를 남기고 있다.

따라서 『산사나무 아래』에는 실제로 사랑했던 사람에 대한 실화를 바
탕으로 작품이 창작되었기 때문에, 특수한 시기에 있었던 순수한 사랑에
관한 특별한 경험을 회상하는 성격이 강하게 나타난다. 이에 비해서 「소
나기」는 성장기 시절 세차게 휩쓸고 지나간 소년과 소녀의 만남과 이별
에 관한 보편적 성장의식이 강렬하게 압축되어 서술되면서 아쉬움과 안
타까움이 애틋한 여운을 남기고 있다.

5. 결론

이 글은 순수한 사랑을 주제로 하는 한국의 소설 「소나기」와 중국의
소설 『산사나무 아래』를 대상으로 '사랑'의 정서 표현 방법 및 장치를 언
어 표현, 인물 설정, 결말 처리로 비교하였다. 그리고 사랑에서 기인한 기
쁨과 슬픔을 포괄하는 정다움과 안타까움의 정한 표현인 '애틋함'이라는
감정에 주목하여 '애틋함'을 형성하는 감정의 흐름을 살펴보았다.

우선 「소나기」는 '소나기'라는 핵심 의미를 중심으로 사랑에 관한 여러
은유 표현이 작품에 유기적으로 연결되어 있고, 『산사나무 아래』는 '산사
나무 꽃'을 핵심 의미로 시대 상황과 관련된 표현이 사랑의 의미로 치환
되고 있음을 보여준다. 또한 「소나기」의 인물 유형이 보편적으로 성장기

를 보내는 '소년'과 '소녀'로 지칭되었다면,『산사나무 아래』는 특수한 시대를 살아가는 전형성을 지닌 남성과 여성의 인물 유형을 나타내고 있다.

이와 관련한 결말 처리는「소나기」에서는 '개울가'라는 공간이 마지막 만남의 장소가 되고,『산사나무 아래』는 5월이라는 '꽃'이 피는 시기가 약속 시간이 되지만 두 작품 모두에서 그 만남은 불가능한 것으로 나타난다.

「소나기」에 나타난 감정의 흐름은 첫 만남의 '수줍음'과 산에서 소나기를 함께 맞은 이후의 소년과 소녀의 '친밀감'으로 나타나는데, 소녀를 애타게 보고 싶어 하는 소년의 '그리움'과 소녀의 죽음에서 오는 '안타까움'이라는 사랑과 이별의 애틋한 감정이 섬세하게 표현되고 있다. 이에 비해서『산사나무 아래』는 신분 차이에서 오는 부끄러움과 의구심, 걱정을 나타내는 여성 인물과 달리 남성 인물은 호의와 관심, 헌신으로 사랑의 감정을 적극적으로 표현하고 있다. 또한 이 작품은 혁명기라는 특수한 시대를 살아가는 인물 유형을 제시하면서 지난 시기에 있었던 특별한 경험을 회상하는 성격을 나타내고 있다.

이상과 같이 이 글은 두 작품에 나타난 사랑의 정서 표현 비교를 통해 다음과 같은 점을 고찰하였다. 먼저「소나기」에서는 소재 및 배경적 측면에서 사랑의 은유 표현을 찾을 수 있고, 작품 전체에 '애틋함'을 형성하는 감정의 흐름을 섬세하게 표현하고 있다. 이와 비교했을 때『산사나무 아래』는 사랑을 대치하는 환유 표현과 한 남자의 순수한 사랑의 감정을 되새기는 특징을 보이고 있다.

이렇게「소나기」와『산사나무 아래』를 대상 작품으로 '사랑'의 정서 표현의 장치와 '애틋함'을 형성하는 감정의 흐름을 비교하는 작업은 각 작품에 나타난 '사랑'의 정서 표현을 명확하게 이해하는 단초를 제공하고, 아울러 비교문학적인 관점의 문학교육의 교육 내용을 마련하는 기초

연구가 될 수 있다는 의의가 있다. 그렇지만 '애틋함'과 관련된 감정의 흐름에 세밀한 비교의 틀을 제시하지 못한 것이 이 연구의 한계이다.

(한중인문학연구 제54집)

참고문헌

1. 기본자료
황순원, 「소나기」, 『황순원문학전집 5』, 삼중당, 1973.
아이미 장편소설, 이원주 옮김, 『산사나무 아래』, 문학동네, 2013.

2. 단행본
김욱동, 『은유와 환유』, 민음사, 1999, 194면.
김재선, 『모택동과 문화대혁명』, 학국학술정보(주), 2009.
권보드래, 『연애의 시대』, 현실문화연구, 2003, 13-16면.
손기태, 『고요한 폭풍, 스피노자』, 글항아리, 2016. 205-206면.
이규태, 『한국인의 의식구조 2』, 신원문화사, 1983, 207면.
이재운 외 편저, 『뜻도 모르고 자주 쓰는 우리말 1000가지』, 예담, 2008.
임화, 『文學의 論理』, 서음출판사, 1989, 357-358면.
정운현, 『情이란 무엇인가』, 책보세, 2011, 32면.
최상진, 『한국인 심리학』, 중앙대학교출판부, 2000, 49면.
한글학회, 『우리 토박이말 사전』, (주)어문각, 2002, 1417면.
한림대학교 아시아문화연구소 엮음, 『중국 문화대혁명 시기 학문과 예술』, 태학사,
        2007.
로만 야콥슨, 신문수 편역, 『문학 속의 언어학』, 1989, 61면.
존 듀이, 이재언 옮김, 『경험으로서 예술』, 책세상, 2003.
질 들뢰즈, 김현수 옮김, 『비평과 진단』, 인간사랑, 2000, 242-243면.
플라톤, 강철웅 옮김, 『향연(Symposion)』, 이제이북스, 2014, 131면.
B.스피노자, 황태연 옮김, 『에티카』, 비홍출판사, 2014, 187면.
James W. Karat, Michelle N. Shiota, 민경환, 이옥경, 김지현, 김민희, 김수안 옮김,
        『정서심리학』, 시그마프레스, 2007.

3. 논문

김순자, 「한국어교육에서 소설 텍스트 교육 연구」, 부산외대 박사학위논문, 2010.

김정운, 「관계적 정서와 문화적 정서」, 『한국심리학회지』 제20권 2호, 2001.6, 389-407면.

나소정, 「한몽소설에 나타난 서정성의 두 의미: 유목성과 정주성 -로도이담바의 「솔롱고」와 황순원 「소나기」를 중심으로」, 『우리어문연구』 제31권, 2008, 337-360면.

나정선, 「외국인을 위한 문학 교육 방법 연구」, 단국대학교 박사학위논문, 2008.

도춘길, 「順元의 "소나기"와 도데의 "별" 表現 比較」, 『우리어문연구』 제2권, 1988, 253-268면.

박정이, 「가와바타 야스나리 『이즈의 무희』와 황순원 『소나기』 비교 -시공간과 인물을 중심으로」, 『일어일문학』 제63권, 2014, 163-176면.

조수진, 「문학적 정서 표현 교육 방안 연구」, 한국외대 박사학위논문, 2014.

주선자, 「한중 소설 비교를 통한 한국문화교육」, 서울대 석사학위논문, 2012.

정전근, 「離別의 情恨: '가시리'에서 '歸蜀途'까지」, 『明知語文學』 제8권, 1976. 182-187면.

이가상, 「한중 멜로 드라마 비교 연구」, 한남대 석사학위논문, 2015.

양진채, 「한국어교재 현대소설텍스트에 나타난 정한(情恨)의식 양상 연구」, 경인교육대학교 석사학위논문, 2015.

윤의섭, 「애틋함의 시학」, 『열린시학』 제13권 1호, 2008. 3, 185-192면.

Robert Stecker, "Expression of emotion in (some of) the arts", *The Journal of Aesthetcs and Art Criticism*, Vol. 42(Summer, 1984), pp. 409-418.

「운수 좋은 날」과 『낙타샹즈』에 나타난 '아이러니'의 정서 표현 교육 방안

1. 서론

외국인에게 한국 문학을 교육하는 것은 많은 과제가 주어지는 일이다. 우선 외국인에게 교육할 만한 대상 작품을 선정하는 것이 한 가지 과제이고, 이렇게 선정된 작품을 대상으로 무엇을 가르쳐야 하는 것인지에 대한 교육 내용을 마련해야 한다. 그렇기 때문에 외국인에게 한국 문학을 교육하기 위한 방향성을 설정하는 것이 중요해진다.

외국어로서의 한국어교육에서 소설(문학) 교육의 연구의 방향성은 임경순이 지적한 바와 같이 문학적으로 형상화된 작품을 통해 유발되는 심리적 상태인 '정서'를 교육적 맥락으로 확장시켜 나가는 것에서 찾을 수 있다.[1] 한국어교육에서 문학교육에 관하여 조수진은 외국인을 위한 문학교육의 목표에 접근하기 위해 문학텍스트의 '정서'에 주목하였다. 문학텍스트에 나타나는 '정서'는 문학의 언어로 표현되는 심리적 정서와 문학텍스

---

[1] 임경순, 「소설과 한국 문학(한국어)교육의 한 방향 - 고문, 분노 그리고 연대성」, 제34회 한중인문학회 국제학술대회, 2014. 6. 295-302면. 임경순은 소설(문학, 한국어) 교육의 중요한 목표로 문학 작품을 통해 유발되는 '분노'의 정서에 주안점으로 두고 자유주의 사회의 구성원으로서 공공 영역에 주의를 기울여 타인이 겪는 고통에 공감할 수 있는 능력을 강조한 바 있다.

트의 기저에 있는 지식 체계가 사회문화적인 맥락으로 표현되는 문화적 정서, 작품의 경험과 독자의 경험이 조우하면서 표현되는 문학적 정서로 고찰할 수 있다. 이렇게 문학 감상의 메커니즘 결과로 나타나는 문학적 정서 표현은 한국어교육에서 언어 표현과 사회문화적 표현, 독자의 경험 표현이라는 측면에서 독자의 텍스트 감상과 정서적 표현 능력의 향상이 라는 학습 목표를 제시할 수 있게 한다.[2]

외국어로서의 한국어교육에서 문학 교육의 목표를 문학 본연의 정서를 학습하는 문학적 정서 표현 능력의 향상으로 보았을 때, 한국학의 영역에 서 외국인에게 문학 작품을 교육하기 위한 문학 교육의 내용을 설정할 필요가 있다. 그동안 언어와 문화적 개별 요소에 초점을 맞추어 온 외국 어로서의 한국어교육에서 문학 교육은 외국인 학습자들에게 문학적 정서 를 형성하게 하는 문학 감상의 태도의 영역에서 고찰되어야 하며 이러한 문학교육의 학습 목표를 위해 외국인 학습자의 특수성을 고려하여 언어 적 장벽을 극복하고 문화적 정서 이해를 위한 교육 내용이 결부되어야 한다.

이와 관련하여 윤여탁은 한국학을 위한 외국어로서의 한국 현대문학 교육 방법으로 비교문학을 적용한 방법을 제시한 바 있다. 비교문학의 방법은 한국어 학습자가 비교나 대비할 수 있는 자국의 문학작품을 통해 보편성을 지닌 문학적 정서를 이해할 수 있는 수월성을 담보할 수 있게 한다. 윤여탁의 연구는 비교문학을 적용하여 한국문학 교수-학습 과정에 서 한국문학 작품을 활동 제재로 제공하고, 학습자의 자국 문학 작품을 학습자 스스로 찾아보는 활동으로 유도하는 의의가 있다고 보고 있다.[3]

---

2) 조수진, 「문학적 정서 표현 교육 방안 -한국어 학습자를 중심으로」, 한국외대 박사학위 논문, 2014.

3) 윤여탁, 「비교문학을 적용한 외국어로서의 한국 현대문학 교육 방법」, 『한국언어문화학』 제6권 제1호, 국제한국언어문화학회, 2009. 53-70면.

신윤경은 중국의 한국어학과에서 문학과목을 담당하고 있는 교수진에게 한국문학 수업에 대한 설문조사를 실시한 바 있다. 교수진의 의견 수렴 결과 문학 수업의 어려움과 학생들의 언어적 장벽, 그리고 한국 문학과 중국 문학의 연계성이 필요하다는 의견을 보였다고 한다.4)

이와 같이 한국어교육에서 한국 문학과 중국 문학을 연계하여 교수하는 작업은 언어와 문화적 장벽으로 문학 작품을 어려워하는 중국인 학습자들에게 한국 문학에 대한 흥미를 유발하고 한국 문학에 대한 관심은 물론 자국의 문학에 대한 이해를 증진시킴으로써 문학적 정서를 표현하는 표현 능력의 향상을 기대할 수 있다. 그렇기 때문에 비교문학의 관점에서 중국인 한국어 학습자를 위해 한국 문학과 중국 문학을 연계한 교육 내용과 교육 방안이 마련될 필요성을 제기할 수 있다.

한국어교육 현장에서 중국인 학습자들은 학문 목적을 위한 유학생이 대다수를 차지하고 있다. 이에 따라 학문 목적의 중국인 학습자를 위한 문학 교육의 방법으로 한국 문학과 중국 문학에 나타난 문학적 정서를 비교하는 비교문학 방법을 모색해 볼 수 있다. 외국인을 위한 문학교육에서 문학적 주제로 구현되는 보편성을 지닌 한국 문학의 문학적 정서를 중국 문학과 비교로 알아보는 비교문학의 방법은 중국인 학습자를 위한 한국 문학 교육의 방법론이 될 것이다.

이 연구에서는 한국학의 관점에서 중국인 학습자에게 한국문학 작품을 교육하기 위해 한국 문학 작품에 나타난 문학적 정서의 보편성과 특수성을 고찰하는 방법으로 한국 문학 작품과 대비할 수 있는 중국 문학 작품의 문학적 정서를 비교하는 작업을 진행할 것이다. 한국 문학과 중국 문학 작품에 나타난 문학적 정서의 비교 작업은 한국 문학텍스트를 감상하

---

4) 신윤경, 「중국의 한국문학 교육 현황과 개선 방안-교재를 중심으로」, 국제한국어교육학회 학술대회논문집, 2011, 329-341면.

는 학습자들의 감상 태도에 변화를 가져올 수 있으며 문학적 정서 표현 향상에도 도움이 될 것이다. 따라서 이 연구는 중국인 학습자가 한국 문학 작품에 나타난 언어와 문화적 정서를 이해하고 수용하는 과정을 비교 문학적인 방법으로 접근하여 한국학 중심의 한국어교육을 위한 문학적 정서 표현의 교육 방안을 제시하고자 한다.

2. 작품 선정과 이론적 배경

외국인을 위한 한국문학 교육에서 선결 과제는 어떤 작품을 교수할 것인지에 대한 문학작품을 선정하는 작업이다. 윤여탁은 외국인을 위한 문학교육에서 정전 선정의 필요성을 강조하였고,[5] 신윤경은 문학텍스트의 선정 기준으로 국어교육의 중·고등 교육과정의 목록에 의거하여 작품을 선정한 바 있다.[6] 이러한 작업을 토대로 외국인에게 한국문학을 교육하기 위한 대상 작품 선정의 기준 마련을 위해 작품성을 인정받은 정전이 되는 한국의 명작을 검토해 보았다.

한국을 대표하는 정전이 되는 문학교육의 대상 작품을 선정하기 위해 연구자는 한국의 문학 강좌를 수강하는 한국인 대학생들을 대상으로 한국의 대표적인 명작을 선별하는 설문조사를 진행하였다. 설문조사는 2013년 2학기부터 2014년 2학기 동안 '한국 명작의 이해와 감상' 수업을 수강하는 한국 대학생 200여 명을 대상으로 한국의 명작으로 꼽을 수 있는 작품 5편을 선별하는 것을 내용으로 하였다. 그 결과 가장 많은 응답을 보인 작품은 「소나기」로 나타났다. 「소나기」에 이어 그 다음으로 학생

---

5) 윤여탁, 「한국어교육에서 현대문학 정전 연구」, 『국어교육연구』 제10권, 2002, 39-64면.
6) 신윤경, 「한국어교육을 위한 문학텍스트 연구: 문학텍스트 선정 기준과 교수 방법을 중심으로」 고려대 박사학위논문, 2008.

들은 「운수 좋은 날」을 꼽았다. 그밖에 「난장이가 쏘아올린 작은 공」, 「엄마를 부탁해」, 「진달래꽃」, 「춘향전」 등으로 응답이 나왔다.

한국의 명작으로 가장 많은 응답을 얻은 황순원의 「소나기」는 한국어 교재에 많이 수록되어 있고, 외국인을 위한 문학교육에서 연구가 많이 진행되어 왔다.7) 이에 비해서 현진건의 「운수 좋은 날」은 한국인들에게 가장 잘 알려진 명작으로 손꼽히는 작품임에도 한국어교육에서 연구가 많이 진행되지 않았다.

그동안 현진건의 「운수 좋은 날」은 비교문학의 관점에서 중국 소설 라오서의 『낙타샹즈』와 비교되어 연구가 진행된 바 있다. 이경돈은 「운수 좋은 날」과 『낙타샹즈』를 근대의 세계인식과 소설의 창작방식에 초점을 두어 분석하였다. 우선 두 작품 사이에는 유사성을 많이 발견할 수 있는데, 두 작품 모두 인력거꾼이라는 하층민의 전형적 인물이 등장하며 서구적 근대화가 진행되는 시기에 전차가 들어서면서 인력거꾼이 몰락해 가는 과정을 다루고 있다는 것이다.8)

송현호·류려아는 「운수 좋은 날」과 『낙타샹즈』에 나타난 인력거 모티프를 중심으로 인력거꾼과 가족의 모습을 가부장제에 초점을 두고 분석하였다.9) 장춘매는 「운수 좋은 날」과 『낙타샹즈』의 대비적 고찰을 통해 한국과 중국의 가부장적 사회구조를 인물의 심리와 관련해 논의를 전개하였다.10)

---

7) 윤영, 「외국인을 위한 한국소설 교육 방안」, 이화여대 석사학위논문, 1999.
　　나정선, 「외국인을 위한 문학 교육 방법 연구」, 단국대 박사학위논문, 2008.
　　김순자, 「한국어교육에서 소설 텍스트 교육 연구」, 부산외대 박사학위논문, 2010.
　　조수진, 「한국어교육에서 「소나기」에 나타난 '정서' 표현 교육 방안」, 『한중인문학연구』 제42집, 2014. 349-372면.
8) 이경돈, 「현진건의 「운수 좋은 날」과 老舍의 『駱駝祥子』 비교 연구」, 성균관대 석사학위논문, 1997.
9) 송현호·류려아, 「운수 좋은 날」과 『駱駝祥子』 비교 연구 -인력거 모티프를 중심으로」, 『비교문학』, 제28권, 2002. 121-138면.

이렇게 「운수 좋은 날」은 『낙타샹즈』와 비교를 통해 한중 소설 비교 연구로 진행되었다. 한국어교육에서 「운수 좋은 날」 연구 역시 논의가 많이 진행되지는 않았지만 『낙타샹즈』와 비교되어 논의되고 있다. 주선자는 문학작품을 활용한 한국어 문화교육에 목표를 두고 「운수 좋은 날」 텍스트와 비교되는 작품으로 루쉰의 「孔乙己(쿵이지)」와 『낙타샹즈』를 대상으로 하층민의 생활문화 요소로 식문화와 집문화를 비교하고, 행동문화로 욕설 표현을, 관념문화로 돈에 대한 가치체계를 제시하고 학생들의 문화적 반응을 살핀 바 있다.[11] 매영은 한국어 어학기관의 문학교재를 분석한 후 「운수 좋은 날」과 『낙타샹즈』를 비교하여 내용을 소개하고 있지만 현황 조사에 그치고 있어 세부적인 교육방안과 목표 수립에 대해 논의가 필요한 것으로 보인다.[12]

이러한 한국어교육 현장과 연구 배경에서 연구자는 외국인을 위한 한국 문학 교육에서 「운수 좋은 날」을 선정하여 교육 내용을 마련할 것을 제안하고자 한다. 「운수 좋은 날」은 설문조사에서도 나타난 것처럼 한국의 명작으로 꼽을 수 있는 한국의 대표작으로 근대화와 함께 시작된 물질만능주의라는 사회현상을 '아이러니'의 문학적 정서로 표현하여 현재를 살아가는 현대인들에게도 보편적인 공감대를 형성하는 작품이다. 또한 현진건의 「운수 좋은 날」은 중국 소설인 라오서의 『낙타샹즈』와 비교되어 한국과 중국의 근대화와 가족주의, 물질만능주의에 관해 논의의 가능성이 무궁무진하게 열려있는 작품이기도 하다. 「운수 좋은 날」과 『낙타샹즈』의 문학적 정서 비교를 위해 이 연구는 근대적 세계관으로 형성되

---

10) 장춘매, 「현진건의 「운수 좋은 날」과 노사의 『낙타상자』 비교 연구」, 『한중인문학연구』 28집, 2009, 231-252면.
11) 주선자, 「한·중 소설 비교를 통한 한국어 문화교육 연구」, 서울대 석사학위논문, 2013.
12) 매영, 「한국어교육에서 문학 교육의 현황과 교육 방안 연구: 「운수 좋은 날」과 『낙타상자』의 비교를 중심으로」, 수원대 석사학위논문, 2014.

는 개인주의와 가족주의, 물질만능주의에서 야기되는 '아이러니'의 정서
표현 양상에 주목할 것이다.

'아이러니'의 정서는 광의적으로 볼 때 개념적으로 다양한 층위를 함의
한다. '아이러니'는 플라톤이 『국가』에서 제시한 바와 같이 '소크라테스
식 아이러니'와 같이 수사적인 언어 표현으로 사용되다가, 근대에 이르러
슐레겔이 말하는 '낭만적 아이러니'라는 작가의 세계관으로 변모해 왔다.

협의적으로 보면 '아이러니'는 사전적 의미로 뜻하고자 하는 것의 반대
의 말을 하는 반어(反語)의 의미를 지니고, 이중성을 지니지만 진술 자체에
는 모순이 없고 표면의 진술과는 상반되는 이면적 진실을 표현하는 방식
이다. 이러한 '아이러니'의 본질은 절대와 상대, 주관과 객관, 정신과 물
질의 상호 모순적 관계 속에서 세계를 파악하는 칸트의 '이율배반' 개념
에서 찾을 수 있다. '이율배반'의 원리에서 비롯된 아이러니는 문학 작품
에서는 예상과 반대되는 결과에 대한 놀라움의 감정으로 나타나며 장르
에 따라 희극과 비극이 되며 상황에 따라 복합적인 정서를 야기하게 된
다. 그래서 I. A. 리처즈는 아이러니를 '균형 잡힌 태도를 성취하기 위해
서 대립적으로 보충적인 충동을 도입하는 것'으로 정의하고 있다. 이러한
속성에 따라 '아이러니'의 정서는 근대와 함께 시작된 사회 현상에서 야
기되는 복합적인 감정들에 대한 상호모순적인 관계가 '표면의 진술'과
'이면의 진실'이 상반된 양상으로 작품에 표현된다.

한국 근대 단편소설에 나타난 아이러니의 문체를 분석한 김정자에 따
르면 김동인, 현진건, 나도향, 김유정의 작품에 나타난 아이러니 어조를
분석한 결과 현진건의 소설에서 가장 많은 아이러니 요소를 찾을 수 있
다고 한다.13) 그 중에서 현진건의 대표작 「운수 좋은 날」은 현대 사회 형
성된 정신과 물질의 상호 모순적인 관계를 '아이러니'라는 문학적 정서로

---

13) 김정자, 「소설에 나타난 아이러니와 문체」, 『인문논총』 제20권 1호, 1981, 25-48면.

표현하고 있다. 근대의 산물로 형성된 물화된 사회 현상과 가족애의 아이러니한 관계가 「운수 좋은 날」을 통해 독자에게 강렬하게 전달됨으로써 '아이러니'의 문학적 정서가 형성된 것이다.

따라서 이 연구에서는 현진건의 문학적 아이러니의 진수를 보여주는 「운수 좋은 날」을 대상으로 '아이러니'의 문학적 정서가 구현되는 양상을 분석할 것이다. 또한 현진건의 「운수 좋은 날」에 구현된 '아이러니'의 문학적 정서를 살펴보기 위해서는 중국 문학을 대표하는 라오서의 『낙타샹즈』와 비교할 것이다. 이와 함께 문학 감상의 매커니즘 결과로 나타나는 '문학적 정서 표현' 능력의 향상을 위해, 외국인 학습자가 문학텍스트를 감상하기 위한 접근 방식으로 언어 표현과 사회문화적 맥락, 문학적 경험 요인으로 작품을 분석할 것이다. 이러한 작업은 궁극적으로 두 작품에서 표면의 진술과 이면의 진실이 다르게 나타나는 '아이러니'의 세계 인식을 유발하게 하는 문학적 정서 표현의 비교가 될 것이다.

3. 작품에 나타난 '아이러니'의 정서 표현 비교

외국인 독자가 문학 작품의 정서를 수용하고 표현하기 위한 요인은 언어 표현과 사회문화적 맥락, 경험 요인이 있다. 언어 표현 요인은 문학텍스트에서 상위 층위의 핵심어로 나타나며, 이러한 핵심 표현을 분석하는 것이 핵심 정서를 읽어내는 키워드가 된다. 문학텍스트의 핵심어 분석은 작품의 중심 의미를 형성하는 은유와 환유 분석이 될 것이다. 사회문화적 맥락은 한국어로 문학텍스트를 접하는 외국인 학습자의 문화적 선행 지식(스키마)을 통해 문화적 사고의 맥락을 도출하는 것이다. 문학적 경험 요인은 문학텍스트를 통한 경험과 독자의 실제 세계에서 경험에서 형성되는 정서가 텍스트와 독자의 상호작용으로 형성되는 문학적 표현을 의미한다.

이에 따라 이 연구는 「운수 좋은 날」과 『낙타샹즈』 두 작품에 특징적으로 나타난 아이러니의 분석을 위해 언어 표현으로 나타나는 언어적 아이러니와 사회문화적 맥락으로 나타나는 아이러니를 고찰한 후, 두 작품에 특징적으로 나타나는 문학적 아이러니를 살펴볼 것이다.

먼저 언어 표현의 아이러니를 살펴보면 「운수 좋은 날」은 인력거꾼 김첨지에게 찾아온 모처럼의 행운과 그러한 행운이 불운을 위한 복선으로 반전되는 내용을 담고 있다. 이 작품의 제목인 '운수 좋은 날'은 김첨지에게 운수가 가장 좋았던 날이 사실 알고 보면 가장 운수가 나쁜 날을 의미하는 언어적 아이러니가 나타난다.

또한 작품의 첫 부분에 '새침하게 흐린 품이 눈이 올 듯 하더니 눈은 아니 오고 얼다가 만 비가 추적추적 내리는 날'과 김첨지가 집 앞에 도착했을 때 묘사되는 '궂은비는 의연히 추적추적 내린다'는 표현은 작품 전체의 배경적 정서를 형성하며 주인공에게 불운이 올 것을 암시하고 있다. 추적추적 내리는 궂은비와 그날따라 벌이가 좋은 운수 좋은 날의 사건이 서로 대비가 되면서 돈이 잘 벌리는 운수가 좋은 표면의 진술에 반대되는 이면적 의미가 서서히 나타나게 된다. 그렇기 때문에 김첨지는 돈을 많이 벌면 벌수록 기적에 가까운 벌이를 하였다는 기쁨보다는 아내의 죽음이 염려되고 자기에게 불행이 닥칠 것이라는 불안감에 휩싸이게 된다.

『낙타샹즈』 역시 제목에서 아이러니한 의미를 내포하고 있다. 장춘매는 이 작품에 나타난 '낙타'의 의미를 사막을 견디는 낙타의 특성으로 샹즈의 성격과 관련해 해석하고 있다.[14] 샹즈는 전쟁터에서 군인에게 빼앗

---

14) 장춘매, 현진건의 「운수 좋은 날」과 노사의 『낙타상자』 비교 연구」, 『한중인문학연구』

긴 인력거 대신 낙타 세 마리를 끌고 왔기 때문에 '낙타샹즈'라는 별명이 붙었고 낙타를 팔아 돈을 많이 벌었다는 허황된 소문만 무성하게 된다. 그렇지만 소문과 달리 사실 그는 낙타를 헐값에 넘겼고 예전과 다를 바 없는 가난한 인력거의 생활을 계속할 수밖에 없는 것이 현실이다. 이 작품의 서두에서 샹즈는 과묵하고 나무와 같은 인물이라고 묘사되어 있으며 인력거를 군인에게 빼앗기고 낙타를 끌고 온 이후 '낙타'는 샹즈에게 소문만 무성한 허장성세이면서 현실을 견뎌내는 자신의 심정을 표현하는 감정이입의 대상이 된다.15)

다음으로 사회문화적 맥락에서 찾을 수 있는 아이러니로 「운수 좋은 날」은 상황 속 행운이 곧 불행과 함께 연접되어 있다는 아이러니한 상황을 보여주고 있다. 이러한 '상황적 아이러니'는 돈과 연관해서 작품에 나타나고 있다. 병든 아내에게 설렁탕을 사다 주기 위해 돈을 벌려고 나간 김첨지는 설렁탕에 모주 한 잔을 걸칠 수 있는 팔십 전을 번 이후부터 돈 자체가 목적이 되어 인력거를 끈다. 그렇지만 아내를 생각하는 김첨지의 불안감은 계속 증폭될 수밖에 없다. 그래서 김첨지가 겉으로 욕설과 허장성세를 부릴수록 그의 마음속 아내의 죽음에 대한 예감은 더욱 커지게 된다. 이 작품에는 김첨지가 그날따라 돈이 많이 벌리는 사건과 병든 아내를 걱정하는 김첨지의 불안감이 증폭되어 표현되고 있으며, 이러한 김첨지의 모습에서 가족을 위해 돈을 버는 남편과 아버지의 모습이 투영되면서 돈과 가족애의 아이러니한 관계가 나타나고 있다. 사회문화적 맥락에서 볼 때 이 작품은 한 가정을 이끄는 가장(家長)의 모습으로 김첨지의

28집, 2009, 231-252면.

15) '낙타샹즈'라는 별명이 붙은 후 샹즈는 다음과 같이 이야기한다. "돈 벌었다고? 제엔장, 그럼 내 인력거는 어디루 갔누?" 그리고 낙타와 자신을 동일시하며 감정이입을 하기도 한다. "낙타는 그와 똑같이 보기 흉했으며, 또 그와 똑같이 사랑스러웠다. … 그와 낙타는 똑같이 목숨을 걸고 도망쳐 나왔으니 둘 다 공평하게 똑같이 살아있어야 한다."

이야기가 전개되는 것을 알 수 있다.[16)]

　사회문화적 맥락으로 볼 때 『낙타샹즈』는 서술자의 심리 묘사로 사건이 진행되는데 서술자가 서술하는 샹즈의 심리와 작품에 전개되는 상황은 다르게 진행된다. 특히 '결혼'과 '장례'에서 그러한 아이러니가 나타난다. 중국말로 인생에서 세 번 일어나고 세 번 떨어진다는 '삼기삼락(三起三落)'이 샹즈의 경우에 그대로 적용된다. 샹즈의 꿈은 자신의 인력거를 사서 부지런한 시골 여자와 결혼하는 것이다. 샹즈에게는 인력거를 소유할 수 있는 세 번의 기회가 있었다. 한 번은 자신이 몇 년간 모은 96元으로 인력거를 처음 샀고 이를 군인들에게 뺏긴다. 그 다음으로 낙타를 팔고 열심히 일을 해서 인력거를 사려고 돈을 모았지만 조씨 아저씨를 쫓는 형사에게 모은 돈을 빼앗기고, 세 번째는 원하지 않은 후니우와 결혼해서 후니우의 도움으로 인력거를 샀지만 아이를 낳다가 죽은 후니우의 장례식 비용 때문에 인력거를 팔아 버리고 만다. 후니우와 어쩔 수 없이 결혼한 이후 샹즈가 인력거를 끄는 것은 집에 있는 것이 싫기 때문이었다. 그럼에도 후니우의 장례 때문에 샹즈가 자신의 삶의 목표인 인력거를 판 것은 '체면' 때문이었다.

　이 작품은 인력거를 소유하고 놓치는 과정에서 샹즈가 가장 소중하게 여기는 '체면'과 '명예'가 무너지는 과정이 개인의 서사로 진행되고 있다. 이에 따라 사회문화적 맥락에서 이 작품은 '인력거'를 소유하는 문제와 샹즈라는 인물의 내면에 나타나는 '체면'에서 오는 아이러니를 볼 수 있으며 샹즈뿐만 아니라 이 작품에 나타난 다른 인물들에게도 체면에 대한

---

16) 미국과 같이 문화권이 다른 학습자의 경우 김첨지가 팔십 전을 번 이후에도 계속 돈을 벌기 위해 인력거 손님을 받으면서 기적에 가까운 돈벌이를 했다는 기쁨을 누리고 싶어 하는 모습을 김첨지의 돈에 대한 개인적 욕망을 나타내는 것이라고 해석하는 경우도 있다. 그렇지만 이 작품에 표현된 김첨지의 모습을 보면 돈에 대한 김첨지의 욕심보다는 아내의 죽음에 대한 불안감을 김첨지가 더욱 강하게 느끼는 것으로 나타난다.

아이러니를 발견할 수 있다. 그래서 인력거를 팔아버리고 체면을 버린 이후 샹즈는 작품에서 모든 것을 버린 타락한 인물로 전락한다.

독자의 문학적 경험은 텍스트를 수용하는 독자의 정서와 독자의 삶의 정서가 만나는 지점에서 형성된다. 이러한 독자의 문학적 경험은 텍스트와 독자의 상호작용으로 나타나는 문학적 정서로 표현된다. 「운수 좋은 날」에서 '아이러니'는 표면의 진술과 이면의 진실이 상반된 결과로 나타난다. 이렇게 문학적으로 경험한 텍스트의 정서를 수용한 독자는 이를 자신의 삶과 연관해 자신의 정서로 표현할 수 있다.

「운수 좋은 날」과 『낙타샹즈』의 문학적 아이러니는 '설렁탕'과 '인력거'가 주는 의미의 증폭으로 나타난다. 「운수 좋은 날」에서 '설렁탕'은 김 첨지가 오늘 하루 돈을 버는 이유이며, 취중에도 설렁탕을 사 가지고 돌아온 것은 아내를 위한 행동이었다. 그런데 "설렁탕을 사다 놓았는데 왜 먹지를 못하니……"라는 말이 함축하고 있듯이 아내에게 설렁탕을 사다가 주기 위해 번 돈이지만 죽은 아내는 정작 설렁탕을 먹을 수 없는 아이러니에서 비극적 정서가 야기되고 있다.

「낙타샹즈」에서 '인력거'는 작품 전체의 아이러니한 상황을 형성하고 있다. 샹즈에게 '인력거'는 돈을 버는 이유이면서 노동을 하는 이유, 소유와 인생의 의미가 된다. 삼년의 노동으로 96元을 벌어 처음 인력거를 소유하게 되지만 군인들에게 인력거를 빼앗기게 된 후 낙타를 판 돈과 후니우가 준 돈, 나중에 인력거를 판 돈 30여 元이 그의 수중의 돈으로 남게 된다. 결국 후니우의 도움으로 인력거를 얻게 되지만 인력거는 더 이상 그에게 인생의 의미가 되지 않고 도피와 죽음을 예견하게 한다. 후니우의 죽음 이후 인력거를 팔아버린 다음 그가 정신적으로 지닌 명예와 체면마저 버리게 되자 그는 돈을 위해 무슨 짓이든 하는 파렴치한 사람으로 전락해 버린다. 샹즈의 인생에서 아이러니는 인력거를 얻고 잃는 과정에서 나타나며 그 과정에서 체면과 관련한 아이러니가 발생하고 있음을 알 수 있다.

따라서 「운수 좋은 날」에서 '설렁탕'은 아내를 위해 사온 설렁탕이 아내의 죽음 앞에서 아무 소용이 없게 된 아이러니를 유발한다. 『낙타샹즈』에서 '인력거'는 샹즈에게 삶의 목표가 되는데, 샹즈가 '인력거'를 소유하고 잃는 과정에서 생기는 상황과 체면에서 아이러니를 유발한다.

「운수 좋은 날」에서 언어의 아이러니를 형성하는 핵심어로 표현되는 '운수 좋은 날'은 운수가 좋다는 표면의 진술과 반대로 주인공에게 비극적인 날이라는 이면의 진실을 내포하고 있다. 김첨지에게는 돈이 잘 버는 날이고 아내에게 설렁탕도 사다 줄 수 있는 표면에 나타나는 '운수 좋은 날'이 아내의 죽음을 예감하게 하고, 죽은 아내가 설렁탕을 먹을 수 없는 비극적 이면의 진실을 내포하고 있는 것이다. 『낙타샹즈』 역시 과묵하고 성실한 인력거꾼인 샹즈가 인력거를 소유하고 잃는 인생의 과정이 표면에 나타나지만 그 이면은 샹즈가 소중히 여기는 명예가 체면이 무너지는 과정으로 나타나고 있음을 알 수 있다. 낙타를 팔아 큰돈을 벌었다는 체면과 명예의식은 '낙타샹즈'라는 핵심어로 나타나고 있으며 이러한 소문과 다르게 샹즈는 부인에게 의존하여 인력거를 얻게 되며 점차 타락한 인간으로 전락해간다.

이상에서 분석한 바를 바탕으로 「운수 좋은 날」과 『낙타샹즈』 전체에서는 표면에 나타나는 진술과 이면의 진실이 다르게 표현되는 아이러니를 찾아볼 수 있다. 이에 따라 「운수 좋은 날」과 『낙타샹즈』에 나타나는 표면의 진술과 이면의 진실의 차이를 사건의 전개에 따른 주인공의 심리와 상황으로 나타내면 다음과 같다.

운수 좋은 날		낙타샹즈	
표면 (돈, 설렁탕)	이면 (아내)	표면 (인력거)	이면 (체면, 명예)
· 앞집 마마님 삼십 전, 교원인 듯한 양복쟁이 오십 전	팔십 전이면 모주 한 잔에 병든 아내에게 설렁탕 한 그릇을 사다 줄 수 있는 돈이다	몇 년간 모은 96元으로 처음 인력거를 소유하다	일 잘하고 건강한 아내와 가정을 함께 할 꿈을 꾸다
남대문 정거장까지 학생 일원 오십 전	돈이 들어오는 행운 앞에서 겁이 났지만 돈 벌 용기가 병자에 대한 염려를 사르다	낙타를 끌고 와서 인력거를 얻었다고 '낙타샹즈'라는 별명을 얻다	낙타를 헐값(30元)에 팔아 넘겼지만 허황된 소문만 무성할 뿐이다.
전차 정류장에서 인사동까지 육십 전	집 근처를 지나면서 마음이 무거워지다	호니우와 결혼하여 다시 인력거를 얻게 되다	불운이 가득한 얼치앙쯔의 인력거를 헐값에 사지만 마음이 불안하다
선술집에서 돈을 집어 던진다	돈이 원수 같이 느껴진다.		
취중에도 설렁탕을 사가지고 집에 왔다.	"설렁탕을 사 왔는데 왜 먹지를 못하니…"	호니우의 장례 때문에 인력거를 팔다	체면을 버리게 되면서 인력거를 소유하는 의미가 없어지고 샹즈는 점점 타락한다.

4. '아이러니'의 정서 표현 교수 – 학습 방안

한국어교육에서 '정서 표현 교육'은 문학텍스트를 통한 언어 표현 능력의 향상이라는 '언어 능력의 통합'과 언어, 문화, 문학적 경험이라는 '내용 영역 간 지식의 통합'을 의미한다. 따라서 한국어교육에서 정서 표현 교육은 언어와 문화, 개인성장의 내용 영역 간 지식과 능력을 통합하는 통합교육의 의의를 갖는다. 또한 문학텍스트를 통한 문학적 정서 표현 교육은 언어 능력의 통합 측면에서 읽기와 쓰기를 통합하는 언어 기능의 통합 교육을 지향한다. 그러므로 지금까지 한국어교육에서 문학교육의 개별 목표로 논의된 언어, 문화, 개인성장의 특징과 언어 능력을 통합하는 문학 작품의 '정서'에 주목한 문학적 정서 표현 능력의 향상은 한국어교육에서 문학 교육의 목표로 설정될 수 있다.

문학적 정서 표현 능력은 작품과 독자가 경험의 상호작용의 결과로 나타나는 스토리 형성 능력으로 문학적 정서는 문학의 정서 언어로 표현되며, 공동체의 문화적 가치를 함의하며 독자의 경험과 관련된 스토리로 표현된다. 문학적 정서 표현 능력은 언어지식과 연관된 문학의 정서 언어 표현과 사회문화적 맥락의 문화적 정서 표현, 경험을 표현하는 독자의 문학적 정서 표현 능력으로 나타난다.

이와 같은 문학적 정서표현 능력의 향상을 목표로 외국인 학습자를 대상으로 문학 교육을 하기 위한 교육 내용에는 학습자의 언어와 문화적 배경 그리고 문학 작품의 심미적 체험과 관련된 복합적인 요인들이 유기적으로 연계되어야 한다. 이러한 교육 내용은 인간의 기본적인 감정 표현과 관련된 언어적 정서 표현, 사회문화적으로 반응하는 문화적 정서 표현, 학습자가 텍스트를 경험하면서 표현하는 문학적 정서 표현으로 구성될 수 있다.

　여기서 인간의 기본적인 감정 표현은 심리적 정서에 해당하며, 정서적 언어활동을 위한 언어 표현을 향상하는 언어 모형으로 접근이 가능하다. 다음으로 지적 상상작용을 통한 인지작용으로 사회문화적으로 반응하는 문화적 정서 표현을 향상하기 위한 문화 모형을 설정할 수 있다. 그리고 문학적 정서 표현은 세계·텍스트·독자의 상호작용이라는 상호 작용 모형으로 교육될 수 있다.

　이에 따라 이 연구는 한국 문학과 중국 문학의 연계성 속에서 중국인 학습자에게 한국 문학을 교수하는 방법으로 한국의 작품과 비교가 되는 중국 작품과의 비교문학적인 접근으로 교육 내용을 설계할 것이다. 이를 위한 한국 작품은 현진건의 「운수 좋은 날」을 대상으로 하고, 중국 작품은 라오서의 『낙타샹즈』를 대상으로 한다. 두 작품에 나타난 '아이러니'의 정서를 언어 표현과 사회문화적 맥락, 문학적 정서로 분석한 앞 장의 내용을 바탕으로 두 작품에서 '아이러니'의 전반적인 특징으로 나타나는 표면의 진술과 이면의 진실 구현 양상을 교육할 수 있다. 대상 학습자는 중국인 학습자로 「운수 좋은 날」과 『낙타샹즈』에 나타난 '아이러니'의 정서를 비교문학의 방법으로 교육하기 위한 교수-학습 방법을 다음과 같은 정서 표현 교육 모형에 따라 설계할 수 있다.

'아이러니'의 정서 표현 교육을 위한
「운수 좋은 날」과 『낙타샹즈』의 교수-학습 방법

정서 표현 교육			
층위	작용		교육 방법
사회 문화적 정서	인지적 작용	사회 지식 모형	1) 1920년대 인력거꾼의 모습을 보여 주며 당시 대중교통 수단으로 이용되던 인력거의 시대적 배경을 설명한다. 「운수 좋은 날」: 서울 동소문 안 인력거를 끄는 김첨지 『낙타샹즈』: 북경의 성문 안에서 인력거를 끄는 샹즈 2) 물질만능주의와 현대 사회, 돈과 인간의 관계, 돈과 체면의 관계를 이야기한다.
심리적 정서	기본 감정 표현	문학 텍스트 언어 모형	1) 「운수 좋은 날」과 『낙타샹즈』의 제목이 의미하는 아이러니를 이야기한다. 2) 작품 전체의 특징으로 나타나는 표면의 진술과 이면의 진실이 다르게 나타나는 아이러니의 의미를 사건의 전개에 따른 주인공의 심리상황과 관련하여 정리한다. 「운수 좋은 날」: 돈 벌기와 아내를 생각하는 마음 『낙타샹즈』: 인력거를 얻고 잃는 과정과 체면의 문제 3) 「운수 좋은 날」과 『낙타샹즈』의 배경에서 나타난 이 작품의 전체적인 분위기와 이로 인해 형성되는 심리적 정서가 어떠할지 이야기한다.
문학적 정서	문학적 경험	상호 작용 모형	1) 자신이 돈을 버는 이유와 인간에게 돈이 왜 필요하며 얼마나 필요한지를 이야기한다. 돈과 인간관계가 상반되었던 경험, 체면 때문에 돈을 벌고 돈 때문에 체면을 잃었던 경험을 이야기해 본다. 2) 「운수 좋은 날」에서 김첨지의 마지막 대사 "설렁탕을 사다 놓았는데 왜 먹지를 못하니…"가 함축하는 의미와 『낙타샹즈』에서 아내의 장례를 위해 인력거를 팔았던 샹즈의 태도에 대해 학습자들과 이야기한다. 3) 두 작품에 특징적으로 나타나는 아이러니와 관련하여 '내 인생의 아이러니'를 이야기하게 하고 이 작품의 내용과 관련하여 자신의 경험으로 쓰게 한다.

5. 결론

이 연구는 한국학의 관점에서 한국어교육에서 학문 목적의 중국인 한국어 학습자에게 한국 문학 작품을 교육하기 위한 방법으로 한국 문학 작품과 대비할 수 있는 중국 문학 작품과의 문학적 정서를 비교하는 작업을 기초로 하고 있다. 이에 따라 중국인 학습자를 대상으로 한국 문학과 중국 문학을 연계하는 비교문학적인 접근의 교육 내용과 교육 방안을 마련하였다.

이를 위한 작품 선정은 설문조사 방법을 기반으로 현진건의 「운수 좋은 날」을 대상 작품으로 선정하였다. 그리고 이와 비교할 수 있는 중국 작품은 현진건의 작품과 비교문학적인 연구가 진행되었던 라오서의 『낙타샹즈』를 대상 작품으로 '아이러니'의 문학적 정서 표현을 분석하였다. 「운수 좋은 날」과 『낙타샹즈』에 나타난 '아이러니'의 정서는 외국인 독자가 문학 작품의 정서를 수용하고 표현하기 위한 요인으로 작용하는 언어 표현과 사회문화적 맥락, 경험 요인으로 분석하였다. 이를 통해 각 작품에 나타난 언어적 아이러니와 사회문화적 맥락에서 기인하는 아이러니, 문학적 상호작용으로 표현되는 아이러니로 나누어 두 작품에 나타난 아이러니의 구현 양상을 비교해 보았다.

우선 먼저 언어 표현의 아이러니를 살펴보면 「운수 좋은 날」에서 핵심어로 작용하는 '운수 좋은 날'은 김첨지에게 운수가 가장 좋았던 날이 사실 알고 보면 가장 운수가 나쁜 날이라는 반대 표현이 된다. 또한 『낙타샹즈』에서 핵심어로 기능하는 '낙타샹즈'라는 별명 역시 낙타를 팔아 큰 돈을 벌었다는 체면과 명예의식에 대한 아이러니한 의미를 내포한다.

사회문화적 맥락에서 볼 때 「운수 좋은 날」은 한 가정을 이끄는 가장(家長)의 모습으로 김첨지의 이야기가 전개되며 김첨지가 돈을 많이 벌게 될수록 병든 아내를 걱정하는 김첨지의 불안감은 증폭되어 나타난다. 김첨지의 모습이 가족을 위해 돈을 버는 남편과 아버지의 모습으로 투영되면서 돈과 가족애의 아이러니한 관계가 나타나는 것이다. 이에 비해서 『낙타샹즈』는 샹즈라는 인물의 인생에 대한 개인의 이야기로 인력거를 소유하고 놓치는 과정에서 샹즈가 가장 소중하게 여기는 '체면'과 '명예'가 무너지는 양상이 나타나고 있다.

문학적 경험과 관련하여 「운수 좋은 날」의 '설렁탕'과 『낙타샹즈』의 '인력거'는 독자에게 '아이러니'의 정서를 유발하는 문학적 정서 표현의 요소가 된다. 이에 따라 「운수 좋은 날」에서 아내를 위해 사온 '설렁탕'은 아내의 죽음 앞에서 아무 소용이 없게 된 아이러니를 유발하고, 『낙타샹즈』에서 '인력거'는 샹즈에게 삶의 목표가 되는 '인력거'를 소유하고 잃는 과정에서 유발하는 아이러니를 발견할 수 있다. 이와 같은 언어 표현과 사회문화적 맥락, 문학적 경험과 관련한 아이러니의 표현은 표면의 진술과 이면의 진실이 상반되어 나타난다. 「운수 좋은 날」에는 '돈'과 '가족'의 문제가 상반되어 나타나고 있고, 『낙타샹즈』는 '인력거'의 얻고 잃음이 '체면'의 상실 과정으로 나타나고 있는 것이다.

이를 바탕으로 이 연구는 한국 문학과 중국 문학의 연계성 속에서 중국인 학습자에게 한국 문학을 교수하는 방법으로 「운수 좋은 날」과 『낙타샹즈』를 대상 작품으로 선정하여 정서 표현 교육 모형을 설계하고 '아이러니'의 문학적 정서 표현을 위한 교수-학습 방안을 모색하였다. 이 연구는 외국인을 위한 문학작품 교육을 위해 비교문학적인 방법으로 '아이러니'의 문학적 주제에 관한 교육 방안을 모색했다는 의의가 있다.

(한중인문학연구 제48집)

참고문헌

1. 기본자료

현진건, 이강언 외 편, 「운수 좋은 날」, 『현진건 문학전집 1』, 국학연구원, 2004.

라오서 지음, 최영애 옮김, 김용옥 풀음, 『루어투어 씨앙즈』, 통나무, 1986.

2. 논문

김순자, 「한국어교육에서 소설 텍스트 교육 연구」, 부산외대 박사학위논문, 2010.

김정자, 「소설에 나타난 아이러니와 문체」, 『인문논총』, 제20권 1호, 1981, 25-48면.

나정선, 「외국인을 위한 문학 교육 방법 연구」, 단국대 박사학위논문, 2008.

매영, 「한국어교육에서 문학 교육의 현황과 교육 방안 연구: 「운수 좋은 날」과 『낙
　　타상자』의 비교를 중심으로」, 수원대 석사학위논문, 2014.

송현호·류려아, 「운수 좋은 날」과 『駱駝祥子』 비교 연구 -인력거 모티프를 중심으
　　로」, 『비교문학』, 제28권, 2002, 121-138면.

신윤경, 「한국어교육을 위한 문학텍스트 연구: 문학텍스트 선정 기준과 교수 방법
　　을 중심으로」 고려대 박사학위논문, 2008.

＿＿＿, 「중국의 한국문학 교육 현황과 개선 방안 -교재를 중심으로」, 국제한국어
　　교육학회 학술대회논문집, 2011, 329-341면.

윤여탁, 「한국어교육에서 현대문학 정전 연구」, 『국어교육연구』 제10권, 서울대학
　　교 국어교육연구소, 2002, 39-64면.

＿＿＿, 「비교문학을 적용한 외국어로서의 한국 현대문학 교육 방법」, 『한국언어문
　　화학』 제6권 제1호, 국제한국언어문화학회, 2009, 53-70면.

윤영, 「외국인을 위한 한국소설 교육 방안」, 이화여대 석사학위논문, 1999.

이경돈, 현진건의 「운수 좋은 날」과 老舍의 『駱駝祥子』 비교 연구」, 성균관대 석사
　　학위논문, 1997.

임경순, 「소설과 한국 문학(한국어)교육의 한 방향 -고문, 분노 그리고 연대성」, 제
　　34회 한중인문학회 국제학술대회, 2014. 6. 295-302면.

장춘매, 현진건의 「운수 좋은 날」과 노사의 『낙타상자』 비교 연구」, 『한중인문학연

구』 제28집, 2009, 231-252면.

조수진, 「한국어교육에서 「소나기」에 나타난 '정서' 표현 교육 방안」, 『한중인문학
연구』 제42집, 2014, 349-372면.

_____, 「문학적 정서 표현 교육 방안 -한국어 학습자를 중심으로」, 한국외대 박사
학위논문, 2014.

주선자, 「한·중 소설 비교를 통한 한국어 문화교육 연구」, 서울대 석사학위논문,
2013.

채만식과 라오서(老舍)소설에 나타난 '체면' 문화 비교

1. 서론

한국과 중국은 전통적으로 '체면'을 중시해 왔고, 현재에도 '체면'은 한국인과 중국인의 생활 속에 깊이 자리하고 있다. 문화심리학 관점에서 David Matsumoto와 Linda Juang의 연구에 따르면 '체면'이란 공개석상에서 자기 모습 그리고 자기 모습에 대한 당황스러움이나 창피에 관한 관심과 염려를 의미한다. '체면'은 사회적으로 학습되고 구성되는 문화적 정서로 형성되며 집단주의 문화 속에서 더욱 중요한 사회적 가치로 '체면'이 강조된다.1) 집단주의 문화의 양상을 보이는 한국과 중국에서 '체면'은 사회적으로 구성된 문화적 정서로 표현되며 다양한 문화적 함의를 가진다. '체면'은 중국의 대표적인 문화적 특징으로 거론되고 있으며, 한국에서도 전통적으로 '체면'을 중시해 온 바 있다.

Markus & Kitayama는 생물학적 측면에서 인간의 기본 정서만이 아니라 사회적으로 학습되면서 구성되고 형성되는 문화적 정서를 강조한 바 있다. 이와 관련한 자의식 정서(self-conscious emotion)는 개인주의 문화와 집단주의 문화에 속한 구성원에 따라 다르게 나타난다. 자의식 정서에서 수치

---

1) David Matsumoto · Linda Juang, 신현정 · 이재식 · 김비아 옮김, 『문화와 심리학』, 박학사. 2013.

심(shame)은 무언가에 실패했거나 도덕적으로 잘못을 저지르고 나서, 이를 자신의 전반적, 안정적 결함에 초점을 맞추었을 때 느끼는 부정적 정서이다. 죄책감(guilt)은 무언가에 실패했거나 도덕적으로 잘못을 저지르긴 했지만, 이를 바로잡고 앞으로 이러한 실수를 반복하지 않으려는 것에 초점을 맞추는 부정적 정서를 의미한다.[2]

임홍빈은 집단주의 사회의 수치 문화를 사회문화적으로 학습된 사회의 질서를 유지하기 위한 집단적 정서 표현으로 고찰하였다. 이에 따라 수치심이라는 감정은 사적인 영역과 공적인 영역의 차이에 근거한 문화적 변별성의 지표로 나타나며 동양의 비언어적 의사소통 표현의 근간이 된다고 보았다.[3] 이러한 사회에서 체면이 손상되면 '수치심'이라는 자의식 정서를 유발하게 된다. 이렇게 체면 손상에 대한 '수치심'의 유발은 어떤 종류의 정서를 언제, 누구에게 하는 것이 적절한지에 대한 방침인 문화적 표현 규칙으로 나타난다.[4] 이렇듯 한국과 중국의 집단주의 문화에서 강조되는 '체면'은 문화적으로 학습되고 구성된 집단적 정서의 한 모습으로 나타난다. 그래서 '체면'은 동양의 수치 문화 속에서 집단을 통제하는 규범적 정서가 되며 일상생활에서의 의사소통과 사회를 유지하는 도덕적 규범, 자신을 드러내는 방식 등 여러 기능으로 작용해 왔다.

이러한 관점에서 이 글은 한국과 중국에서 나타나는 '체면'이라는 문화적 속성에 주목하고자 한다. 한국과 중국의 체면 문화를 비교하는 작업은 체면이 문화 속에서 주류를 차지하고 있는 중국의 모습을 통해서 한국의 문화를 규명할 수 있게 할 것이다. 이에 따라 이 글은 한국과 중국에서

---

2) Shinobu Kitayama and Hazel rose Markus, *Emotion and Culture*, American Psychological Association, 1994.
3) 임홍빈, 『수치심과 죄책감 -감정론의 한 시도』, 바다출판사, 2013.
4) James W. Kalat, Michelle N. Shiota 지음, 민경환 외 4인 옮김, 『정서심리학』, 시그마프레스, 2007.

'체면'을 규명하는 개념적 비교를 검토하고, 한국과 중국에서 찾아볼 수 있는 '체면'의 양상을 '체면'의 유형에 따라 비교할 것이다. 이를 위해 집단이 속한 공동체의 언어와 문화 표현의 전범이 되는 문학텍스트의 비교 연구 방법을 활용해 한국과 중국의 문학텍스트에 구현된 '체면'의 양상을 살펴보고자 한다.

2. 한국과 중국에서 '체면'의 문화적 함의

한국에서의 '체면'의 개념을 고찰한 임태섭에 따르면 한국인은 의식주의 선택, 승용차 등의 구입, 친구나 준거 집단의 선택, 진학 및 취업, 학교 성적 및 진급, 선물의 선택, 명절맞이 인사 등 남의 이목을 끌 가능성이 있는 것이면 어떠한 행위나 소유물도 체면과 관련짓지 않는 것이 없다고 한다. 이에 따라 그는 체면의 특성을 좋은 이미지로서 체면, 바람직한 사회적 이미지로서 체면, 공적인 자기 이미지로서 체면으로 설명하면서 '체면'을 실체보다는 '이미지'의 속성에 가까운 것으로 보았다.[5] 이와 관련하여 이규태는 '얼굴', '낯' 등과 대치될 수 있는 한국에서의 체면의 개념을 이름을 중요하게 여기는 한국인의 명예의식과 관련하여 고찰한 바 있다.[6]

중국에서의 '체면'의 의미를 고찰한 주민욱의 연구는 중국인의 사고에서 체면의 의미와 양상을 세분하여 개념화하고 있다. 중국에서 체면은 '미엔즈(面子)'라고 하며, '리엔(臉)'과 '미엔(面)'의 두 가지 유형으로 구분된다. 여기서 '얼굴'에 해당하는 '리엔(臉)'은 도덕적 인격성을 확신하는 체면이며, '이미지'에 해당하는 '미엔(面)'은 사회적 성취와 결부된 권위와 능

---

5) 임태섭, 「체면을 숭배하는 나라, 한국」, 『정, 체면, 연줄 그리고 한국인의 인간관계』, 한나래, 1995, 103-127면.
6) 이규태, 『한국인의 의식구조 1』, 신원문화사, 1983, 250-281면.

력이 배경이 된 체면이다. 이에 따라 중국에서의 체면은 도덕적 체면과 사회적 체면으로 분류하여 생각할 수 있다.[7]

이러한 중국에서의 체면 개념과 비교했을 때, 최상진은 한국에서 자기 완성적 욕구에 기초한 체면을 '인격적 체면'이라고 하고, 사회적 성취욕구와 관련한 체면은 '사회적 체면'이라 하였다. 그에 따르면 한국어에서 '낯'이라고 표현되는 '얼굴(face)'은 도덕성과 연계되어 '인격적 체면'인 것에 비해서, '사회적 체면'은 얼굴보다는 '몸(體)'을 체면의 상징으로 나타내는 경우가 많다고 한다. 이러한 최상진의 논의에서는 중국인의 '리엔(臉)'은 한국인의 '인격적 체면'에, 중국인의 '미엔(面)'은 한국인의 '사회적 체면'에 해당된다고 보고, 한국인의 체면구조와 중국인의 체면구조 사이의 매우 높은 유사성을 발견하고 있다.[8]

또한 '체면'은 기능적인 측면에서 비언어적 의사소통 전략으로 고찰되기도 하였다. 이러한 연구들은 한국에서의 '체면'이 윗사람과 아랫사람의 관계 형성, 공손과 무례, 기분과 눈치와 관련한 의사소통의 주요 특징으로 나타남을 밝히고 있다. 공손법과 겸양법이 발달한 한국어에서 공손 전략은 윗사람과 아랫사람의 소통에서 체면을 유지시키는 기능을 하며, 의사소통에서 공경 전략과 겸손 전략으로서 커뮤니케이션 목표를 달성하게 한다. 이와 같은 한국인의 커뮤니케이션과 관련하여 박기순의 연구에서는 체면을 '눈치'와 '기분'의 비언어적 의사소통 표현으로 보고 체면이 눈

---

7) 주민욱, 『중국인의 체면』, 커뮤니케이션북스, 2014.
   중국에서 '리엔(臉)'에 대한 대표적 표현들은 다음과 같다. 띠우리엔(丟臉): 창피를 당하다, 뿌야오리엔(不要臉): 뻔뻔스럽다, 파렴치하다, 메이요리엔(沒有臉): 할 낯이 없다 등이다. 중국에서는 미엔즈(面子)에 대한 체면 표현들을 많이 볼 수 있는데, 그 중 대표적인 표현은 칸미엔즈(看面子): 체면을 보다, 정미엔즈(爭面子): 체면·면목을 세우다, 게이미엔즈(給面子): 체면을 세워 주다, 영어의 'to save face'와 가장 가까운 의미를 포함한 야오미엔즈(要面子): 체면을 중시하다 등을 들 수 있다.
8) 최상진, 『한국인 심리학』, 중앙대학교출판부, 2000, 174-175면.

치와 기분과 상호연관성을 가진다고 하였다.9) 이에 따르면 한국에서 체
면 문화는 '눈치'라는 문화 코드와 함께 암묵적인 커뮤니케이션의 역할을
하는 것이다.

다음으로 '체면'은 자의식 정서와 밀접한 관련이 있는 특징이 있다. 자
기를 반영하는 과정과 관련된 자의식 정서(self-conscious)는 수치심, 죄책감,
자부심, 당혹감 등과 같은 정서를 포함한다. 이러한 자의식 정서는 사회
적 규범에 관한 집단적 정서로 집단주의 문화에서는 '수치심'(shame)을 강
조하고, 개인주의 문화에서는 '죄책감'(guilt)을 강조하게 된다.10) 집단주의
문화를 대표하는 중국에서 '수치심'과 관련한 단어를 빈번하게 찾아볼 수
있는데, Jerome Kagan은 '수치심'과 연관된 중국어 단어 100여 개를 분석
한 바 있다. 분석 결과 수줍은 성격, 얼굴을 붉히는 행위, 공동체 규범을
어기는 행동, 이 정서를 유발한 사람을 향한 분노, 부끄러움을 모르는 사
람 따위를 가리키는 단어들을 모두 포함하고 있다. 이는 개인주의 문화를
대표하는 미국인들이 '수치심'을 공동체 규범을 모르고 어김으로 발생하
는 것에 한정하는 것과 대비된다.11) 이에 따라 집단주의 문화를 대표하는
한국과 중국에서의 '수치심'은 광범위한 영역의 다양한 함의로 도덕성과
관련된 규범적인 기능을 가지게 된다.

마지막으로 '체면'은 자신의 능력을 과시하는 사회적인 이미지의 기능

---

9) 박기순, 「한국인의 커뮤니케이션: 체면 - 눈치 - 기분의 상호거래적 분석」, 『커뮤니케이
 션학연구』 제6권 1호, 1998.
10) 권력거리와 사회의 개인주의 정도에 따라 개인주의 사회와 집합주의 사회로 분류한
 Hofstede는 사회적 규범에 관한 집단적 정서와 관련하여 개인주의 사회는 죄책감의 문
 화로 표현되고 집단주의 사회는 수치감의 문화로 표현될 수 있다고 했다. 개인주의 사
 회에서 사회의 규칙을 어긴 사람들은 종종 죄책감을 느끼게 되는데, 이것은 남모르는
 내부의 보이지 않는 안내자의 기능을 하는 개인의 양심에서 나오는 것이다. 반면, 집합
 주의 사회는 집단 성원이 사회의 규칙을 어기면 같은 집단에 속해 있는 사람들은 집단
 적인 의무감에서 오는 수치감을 느낀다. Geert Hofstede 저, 차재호·나은영 역, 『세계
 의 문화와 조직』, 학지사, 1995.
11) 제롬 케이건 지음, 노승영 옮김, 『정서란 무엇인가?』, 아카넷, 2009.

을 한다. 강길호는 서구 사회에서의 체면은 독립적이라는, 그리고 능력 있다는 이미지를 확보하려는 욕구이며 서구 사회에서 공손한 표현은 서구인들이 인정받고 싶은 자율과 능력의 이미지를 뒷받침해 주는 언어적 표현이라고 한다.12) 이러한 이미지로서의 체면은 한국과 중국에서도 마찬가지로 사회적인 속성을 가지며 과시적인 기능을 한다.

이상의 논의를 기반으로 이 글은 한국과 중국에서 체면이 드러나는 양상을 비교하기 위해 체면이 지닌 기능적 특성에 주목하고자 한다. 이를 위해 이 글은 기능적 측면을 기반으로 체면을 의사소통과 관련된 언어적 체면과 도덕성과 관련된 규범적 체면, 개인의 능력과 관련된 과시적 체면으로 고찰할 것이다.13) 우선 '언어적 체면'은 '체면'의 의사소통 기능을 고찰하는 것을 의미한다. 다음으로 '규범적 체면'은 사회격식과 도덕성으로 강조되는 인격적 체면에 해당하며 체면의 도덕적 기능에 주목한 것이다. 마지막으로 '과시적 체면'은 사회적 체면이라고도 볼 수 있는데, 개인의 능력과 명예를 다른 사람에게 보여주는 과시의 기능을 강조하여 과시적 체면으로 분류하였다.14)

이러한 체면의 기능을 근간으로 이 글은 체면을 언어적 체면과 규범적 체면, 과시적 체면으로 구분한다. 또한 한국과 중국에서 '체면'이 기능으로 작용되는 양상을 살펴보기 위한 연구 방법으로 한국과 중국의 문학텍스트에 구현된 '체면'의 양상을 비교하여 분석할 것이다.

한국과 중국의 문학텍스트를 비교하여 '체면'이 구현되는 양상을 고찰하는 작업은 비교 문화 연구에서 문학텍스트를 활용한 문화교육의 근간

---

12) 강길호, 「공손 전략과 체면 관리」, 『정, 체면, 연줄 그리고 한국인의 인간관계』, 한나래, 1995, 131-145면.

13) 여기서 제시한 규범적 체면과 과시적 체면은 강길호가 분류한 용어에 따른 것이다. 강길호, 위의 책, 131-145면.

14) 과시적 체면을 사회적 체면으로 명명한다면 언어와 규범, 과시의 측면을 모두 포괄할 수 있기 때문에 이 글에서는 과시적 체면으로 명명할 것이다.

이 되는 의미가 있다. 이와 함께 비교문화 연구는 가치와 신념, 규범, 태도, 세계관 등을 다루게 되는데 문학텍스트는 이러한 주관적 요소에 대한 맥락요인을 제공한다. 또한 문학텍스트 중에서 소설텍스트는 언어 표현과 함께 사회문화적 맥락이 풍부하게 표현되어 있고, 문학적 정서가 내재되어 문화 간 비교 연구에서도 유용한 텍스트가 될 수 있다. 따라서 이 연구는 한국과 중국의 소설텍스트를 대상으로 작품에 나타난 '체면'의 구현 양상을 고찰하려고 한다. 이에 따라 한국의 소설은 채만식의 작품을 대상으로 하고, 중국 소설은 라오서(老舍)의 작품을 대상으로 작품에 구현된 '체면'의 양상을 분석할 것이다.

3. 채만식과 라오서 작품에 나타난 '체면'

이 글이 채만식의 작품과 라오서(老舍)의 작품을 대상텍스트로 선정한 이유는 두 작가가 1920-40년대라는 비슷한 시기에 작품 활동을 했고 한국과 중국의 대표적인 사실주의 작가로 손꼽히는 점에 있다. 또한 채만식과 라오서는 '풍자'와 '아이러니'의 작품 세계를 문학적 특징으로 하고 있다. 채만식과 라오서의 작품은 '풍자'와 '아이러니'라는 문학적 측면과 지식인과 여성 문제를 다루고 있는 주제적 측면, 그리고 한국과 중국의 전통예술을 수용하는 측면으로 연구가 되어 왔다. 이와 관련된 송현호·유려아의 연구는 채만식과 라오서의 주요 작품들을 대상으로 한중소설의 서술방식과 전통예술 수용양상을 고찰하고 한중 지식인 소설과 한중 여성문제의 측면에서 두 작가의 작품을 비교하고 있다.15) 이 연구는 채만식의 작품에는 기법적으로 판소리와 탈춤, 설화체가 수용되었고, 라오서의

---

15) 송현호·유려아, 『비교문학론』, 국학자료원, 1999, 68-155면.

작품에는 설화와 고전문학, 강창문학, 상성(相聲)이 수용되어 한국과 중국
의 전통예술을 계승하고 있는 것을 알 수 있게 한다. 그리고 주제적 측면
에서도 지식인 문제와 여성 문제를 다루었다는 공통점을 찾고 있다. 이밖
에도 채만식과 라오서의 작품은 비교문학적인 관점에서 지속적으로 연구
되고 있다.[16)

채만식은 단편을 비롯하여 중편과 장편, 희곡 등 많은 작품을 남긴 바
있고, 라오서(老舍) 역시 단편과 중편, 장편, 희곡 등 다양한 작품을 남겼
다. 이 글에서 분석할 대상 작품은 채만식의 작품으로는 대표적인 장편
인『태평천하』와 단편「레디메이드 인생」,「明日」,「보리방아」로 하고,
라오서의 작품은 대표적인 장편인『낙타샹즈』[17),『마씨 부자』와 단편으
로「개시 대길」,「조각달」을 대상으로 할 것이다.[18) 두 작가의 작품들은

---

16) 전효매,「채만식과 라오서老舍의 풍자소설에 나타난 지식인상 비교 연구」, 중앙대학교
    석사학위논문, 2013.
    GUOJIE,「채만식과 라오서(老舍)의 소설에 나타난 여성인물 비교 연구」, 아주대학교
    석사학위논문, 2013.
    매영방,「채만식과 노사의 초기 풍자예술 연구」,『한국문화기술』제12권, 2011.
    조홍매,「채만식과 라오서(老舍)의 소설에 나타난 여성상 비교연구: 1930년대를 중심으
    로」, 단국대학교 석사학위논문, 2007.
    유려아,「蔡萬植과 老舍의 比較 硏究」, 서울대학교 박사학위논문, 1991.
17)『낙타샹즈』는 현진건의「운수 좋은 날」의 인력거꾼 모티프와 연관하여 비교문학적으
    로 고찰이 된 바 있다.
    이경돈,「현진건의「운수 좋은 날」과 老舍의『駱駝祥子』비교 연구」, 성균관대 석사학
    위논문, 1997.
    송현호·류려아,「운수 좋은 날」과『駱駝祥子』비교 연구 - 인력거 모티프를 중심으로」,
    『비교문학』제28권, 2002.
    장춘매,「현진건의「운수 좋은 날」과 노사의『낙타상자』비교 연구」,『한중인문학연구』
    제28집, 2009,
18) 라오서의 장편소설과 단편들은 번역본을 바탕으로 분석함을 밝힌다.『낙타샹즈』는 최
    영애가 번역하고 김용옥이 풀이한『루어투어 시앙쯔』를 대상으로 한다. 본문에서는
    '낙타샹즈'의 책 제목을 한국어 뜻을 살려『낙타샹즈』로 언급하고 인용문에서는 번역
    본의 제목인 중국어 발음의『루어투어 시앙쯔』로 표기할 것이다. 그리고『마씨 부자(二
    馬)』는 고점복 번역본을 대상으로 분석할 것이다. 라오서의 단편 소설은 중국현대문학
    선집에 실린 작품들을 대상으로 한다.

당시 한국과 중국 사회의 혼란스런 모습 속에서 전통적인 유교의 가치관에서 비롯된 '체면'에 대한 고민들을 잘 나타낸 작품으로, 이러한 작품들을 분석함으로써 한국과 중국에서의 체면과 관련된 문화적 정서를 고찰할 수 있을 것이다. 이에 따라 채만식과 라오서의 작품에서 찾아볼 수 있는 '체면'을 언어적 체면과 규범적 체면, 과시적 체면의 양상으로 살펴볼 것이다.

1) 언어적 체면

공손법과 겸양법이 발달한 한국어에서 공손 전략은 윗사람과 아랫사람의 소통에서 체면을 유지시키는 기능을 한다. 그로 인해 아랫사람은 윗사람의 '체면'을 살리기 위한 공손한 태도를 유지한다. 또한 한국어는 '호칭 인플레'라고 할 만큼 호칭이 발달하여, 상대방을 지칭하는 호칭이 상대방에게 체면을 강조하는 기능을 하기도 한다. 이를 테면 채만식의 「태평천하」를 보면 인력거꾼이 후히 생각해 달라는 뜻으로 "그저 처분해 줍사요!"라고 말한 것을 윤직원 영감이 이를 이용해 어떻게든 돈을 안 내려는 수작을 하는 것에서 찾을 수 있다.

> "점잖은 어른께서 괜히 쇤네 같은 걸 데리구 그러십니다!…… 어서 돈장이나 주어 보냅사요! 헤……."
> (중략)
> "과하게 여쭙잖었습니다. 그리고 점잖은 어른께서 막걸리값이나 나우 주서야 하잖겠사와요!"
>
> 채만식, 「태평천하」, 『채만식 전집 3』(1987), 13-14면.

최상진에 따르면 체면이 중요한 관계 상황을 양적 연구로 조사한 결과 교수 대 학생, 상사 대 부하직원, 선배 대 후배, 남자(애인) 대 여자(애인),

형(누나) 대 동생, 남편 대 아내, 부모 대 자식, 정치가 대 국민, 유명인 대 대중, 여자(애인) 대 남자(애인), 시어머니 대 며느리 순으로 나타난다고 한다.19) 위의 상황에서도 윤직원 영감과 인력거꾼은 교수 대 학생과 같이 사회적 지위가 있는 사람과 그렇지 않은 관계로 양반 어르신과 젊은 인력거꾼의 모습으로 나타난다. 여기서 인력거꾼이 양반인 윤직원 영감을 '점잖은 어른'이라는 호칭으로 부른 것은 어른으로서 양반의 체면을 지킬 것을 간접적으로 강조한 것이다.

중국어는 한국어에 비해서 공손법과 겸양법이 발달하지 않은 편인데 중국 소설에서는 윗사람과 아랫사람의 체면 유지를 위한 소통보다는 개인의 '체면'과 '수치'를 직접적으로 나타내는 표현이 자주 나타난다. 호칭과 관련해서도 그러하다. 이를테면 라오서의 『마씨 부자』에서는 상대방을 호칭하는 것을 자신의 체면과 연관시켜 생각하는 모습을 보이기도 한다.

> "리쯔룽을 '점원'이라고 부르지 마세요. 보세요, 차를 탄 사람들이 표를 사면서도 매표원에게 '고맙습니다'라고 하잖아요. 그가 가게에 있으면 크게 도움이 될 텐데, '점원'이라고 부르면 그가 좋아하지 않을 거예요! 게다가……"
> "그럼 뭐라고 불러야 하는지 말해봐라. 사장인 내가 점원을 어르신이라고 부르기라도 하라는 거야?" 마쩌런은 손을 뻗어 마웨이가 들고 있던 찻주전자를 뺏어 들었다. (중략)
> "리 선생이라고 불러도 우리가 체면을 잃는 건 아니죠!" 마웨이가 눈썹을 찌푸렸다. 그러나 실은 그도 아버지와 언쟁할 생각이 없었다.
> 라오서, 『마씨 부자』(2013), 87면.

위의 소설에서는 아들이 아버지가 가게에서 일하는 사람을 '점원'이라고 부르는 문제를 지적하고, 아버지는 '사장'이 '점원'을 '어르신'이라고

---

19) 최상진, 『한국인의 심리학』, 학지사, 2011, 136면.

불렀을 때 사장으로서 체면이 상실될 것을 강조하고 있다. 이에 대해 아들은 '점원'보다는 '리 선생'으로 부르는 것이 상대방의 기분을 맞추고 자신도 체면을 잃지 않음을 아버지에게 제안한다. 이러한 예는 상대에 대한 호칭의 사용이 자신의 체면에 중요한 영향을 끼치고 있음을 알 수 있게 한다.[20]

또한 '개인'의 체면을 차리기 위한 표현으로 실제 자신의 상황이 힘들고 어려움에도 상대방에게 부끄럽게 보이지 않으려고 실제와 다르게 이야기하는 상황도 볼 수 있다. 라오서의 『낙타샹즈』에서 샹즈가 천신만고 끝에 군인들에게 도망 나온 후 배가 아주 고픈 상황임에도 체면을 차리기 위해 먹었다고 아래와 같이 둘러대는 모습이 그러한 예이다.

> (상략) 방금 생명을 무릅쓰고 도망나와 천신만고 끝에 낯익은 이곳으로 돌아왔을 뿐더러 밥 먹으라고 권함까지 받으니 혹시 자기를 놀리는 것이나 아닌가 의심까지 들 지경이었으나 그래도 눈물방울이 떨어져 내릴 정도로 감격스러웠다.
> "여기 오다가 좀 전에 두부 두 사발 먹었어요!"
> 그는 체면을 좀 차렸다.
>
> 라오서, 『루어투어 시앙쯔』(1986), 298면.

이상과 같이 채만식의 작품에서는 윗사람과 아랫사람 간의 의사소통에서 호칭의 사용이 '상대방'의 체면을 간접적으로 강조하는 언어적 체면을 찾아볼 수 있었다. 이에 비해서 라오서의 소설에서는 호칭과 체면치레 등을 통해 개인의 '체면'과 '수치'를 언어적으로 강조하려는 상황적 표현을 찾을 수 있다. 이를 통해 채만식의 작품에서 의사소통 상황에 반영된 '언어적 체면'은 '상대방의 체면'에 대한 강조를 간접적이고 우회적인 표현

---

20) 한국의 경우라면 이러한 호칭의 사용은 상대방의 기분을 맞추는 '눈치'로 작용해 상대방의 체면을 유지시키는 '눈치 문화'의 모습으로 반영될 것이다.

으로 나타낸 반면, 라오서의 작품에서는 '자신의 체면'을 강조하는 표현이 나타나는 것을 알 수 있다.

2) 규범적 체면

임홍빈이 언급한 바와 같이 집단주의 사회의 수치 문화는 동양의 의사소통의 근간이 되며 남의 눈에 띄기를 거부하거나 여러 형태의 '겸손'을 표방하는 몸짓과 복장, 표정 또는 자신의 생각을 구체적인 발언으로 표현하는 것을 여러 형태로 주저하는 태도로 나타난다.[21]

채만식의 소설에는 이렇게 일상에서 나타나는 의복과 매너, 그리고 정조 관념 등이 사회적 규범으로 나타나 이러한 규범을 손상했을 때 체면을 손상한 당사자보다는 이러한 모습을 관찰하는 인물이 수치심을 느끼는 것을 찾아볼 수 있다. 우선 「보리방아」라는 작품에서 '의복'에 대한 규범을 갖추지 못한 '체면'의 손상과 상대방에게 마음껏 욕을 하고 싶지만 그렇게 하면 안 된다는 '매너'를 찾아볼 수 있다.

> ① 제가 한 바느질이라 자연 새로 입고 나서면 눈이 가는 것이다. 그러나 용희의 눈에는 바느질보다는 아버지의 초라한 행색이 먼저 눈에 띄었다.
> 고무신에 대님은 양말 목에다가 매고 고의 가랑이는 정강이에서 반까지밖에 더 내려오지 아니한다.
> 머리에는 밀짚모자를 썼고 물론 동저고리 바람이다.
> 용희가 한 일고여덟살 때만 했어도 그때의 아버지는 저렇게 상스럽게 차리고는 장터 출입을 아니하셨는데, 생각하니 재봉틀이고 무엇이고 생각이 다 달아나 버리는 것 같았다.
> 채만식, 「보리방아」, 『채만식 전집 7』(1987), 85-86면.

> ② 정씨는 등에서 식은땀이 오싹 나고 앞이 캄캄해졌다.

---

21) 임홍빈, 앞의 책, 바다출판사, 2013.

> 분한 깐으로는 쫓아나가서 한바탕 욕이라도 해주고 싶으나 체면에 그럴
> 수도 없는 것이다.
>
> 채만식, 「보리방아」, 『채만식 전집 7』(1987), 92면.

①에서 재봉틀을 갖고 싶던 용희는 의복을 갖춰 입지 않은 아버지의 모습을 보면서 바느질을 하고 싶은 마음이 사라지게 된다. 의복을 갖춰 입기 위해 바느질을 하는 것이고 그래서 재봉틀을 갖고 싶던 것인데 평소 단정하게 의복을 입던 아버지의 그렇지 못한 모습을 보면서 실망하게 된 것이다. 그리고 ②에서 용희의 어머니는 가난하다고 자신들을 무시하는 사람들에게 욕을 해 주고 싶지만 체면에 그렇게 하지 못하는 사회적 매너를 보이고 있다. 이렇게 채만식의 소설에서 규범적 체면은 일상생활에서의 태도와 복장, 매너와 같은 사회적 규범의 모습으로 찾아볼 수 있다.

또한 채만식의 지식인 소설을 대표하는 「레디 메이드 인생」에서는 '돈'과 사회적 가치에 대해 고뇌하는 지식인이 등장한다. 이 작품에서 주인공 P는 '돈'과 여성의 정조와 관련한 도덕관념에 대해 양가적인 감정을 느낀다. 그리고 아무런 수치심 없이 액수를 상관하지 않고 정조를 팔겠다는 여성에게 환멸을 느끼게 된다.

> 너무도 인간이 단작스럽고 악착스러운 것 같았다. P가 노상 보고 듣는
> 세상이 돈을 중간에 놓고 악착스럽게 아등바등하는 것을 모르는 바는 아니
> 나 정조 대가로 일금 이십 전을 요구하는 것은 처음 보았다.
> (중략)
> 그러나 '이십 전만 주어도' 소리에는 이것저것 생각하고 헤아릴 나위도
> 없었다. 더럽고 얄미우면서 그러면서도 눈물이 괴었다. 삼 원쯤 되는 전 재
> 산을 털어 내던지고 정신없이 뛰어나온 것이다.
>
> 채만식, 「레디 메이드 人生」, 『채만식 전집 7』(1987), 68면.

이와 비교했을 때 라오서의 작품에서는 도덕성과 관련된 체면의 양상을 찾을 수 있다. 라오서의 소설에서는 종종 돈과 체면의 역전관계로 아이러니가 형성되며, 체면이 아이러니를 형성하는 주요 역할을 하게 된다. 이때 체면은 대부분 작품 속 인물들이 처한 '돈'의 문제가 '체면'이라는 규범의 문제에 직면해 아이러니가 형성되는 규범적 체면의 양상을 보인다. 이러한 양상은 여성 문제를 다룬 라오서의 「조각달」에서 '돈' 때문에 체면을 버리며 매춘으로 살아가는 인물들의 모습으로 언급되고 있다.

> 글쎄 어머니에게 무슨 방법이 있겠는가? 그녀도 내가 이 노릇을 하지 않고서는 다른 일을 찾을 수 없다는 것을 알고 있었기에. 우리 모녀도 먹고 살아야 했다. 모녀 관계가 다 무엇이며 체면이 다 무엇인가? 돈은 무정한 것이다.
>
> 라오서, 「조각달」, 『중국현대단편모음집』(1999), 42면.

그리고 『낙타샹즈』에서는 유교적인 가치에 입각해 관혼상제를 시키는 장례 문화를 바탕으로 사회의 규범을 지키려는 인물들의 '규범적 체면'을 찾아볼 수 있다. 중국의 문화를 보면 사람의 인생에서 큰 액수의 돈을 쓸 일이 두 번 있는데, 첫 생일인 '돌'과 인생의 마지막인 '장례'에서 그러하다. 그래서 샹즈의 이웃인 얼치앙쯔는 부인의 장례를 치르기 위해 인력거를 팔게 된다. 술을 마시기 위해 딸을 팔았으면서도 딸이 자신의 체면을 떨어뜨렸다고 여겼던 얼치앙쯔는 체면을 위해 부인의 장례를 치러야 하므로 샹즈에게 인력거를 판다. 그리고 얼치앙쯔의 인력거를 산 샹즈 역시 아내인 후니우가 죽고 장례를 치르기 위해 그의 모든 꿈이었던 인력거를 팔게 된다. 그 역시 장례라는 '체면' 때문에 그렇게 한 것이다. 이 작품에서는 불경기에 먹고 살기 위해 체면을 버리게 되지만 그럼에도 불구하고 '관혼상제'에는 여전히 체면이 유지된다고 언급되고 있다. 관습상 사회 규범적인 체면을 버리는 것은 수치스러운 것으로 모든 것을 버리게 됨을 의미하기 때문이다. 그래서 이 작품에서 샹즈의 타락은 샹즈가 소중하게 여겼던 체면을 버리는 과정으로 나타나 결국에 샹즈가 수치를 모르는 이 기적인 인간이 되어버림을 아래와 같이 서술자가 직접 비판하기도 한다.

> 그 체면차릴 줄 알고, 굳세고 악착같고 희망을 가득 간직했던 시앙쯔, 이 기적이고 개인적이고 건장했던 위대한 시앙쯔는 이제 얼마나 많이 남의 장례식의 대열에 섰는지 모른다. 언제 어디에 자신을 묻어버리게 될지 모른다.
> 라오서, 『루어투어 시앙쯔』(1986), 575면.

이와 같이 라오서의 작품에서 강조되는 '수치'와 관련된 규범적 체면은 라오서의 작품뿐만 아니라 중국 소설에서 빈번하게 표현되고 있다. 예를 들어 라오서의 『낙타샹즈』에는 처형장으로 끌려가는 사람을 대중이 구경하는 '조리돌림' 장면이 묘사된다. 루쉰의 「아큐정전」에서도 '조리돌림'이 묘사되고 있는데, '조리돌림'은 사람들에게 구경거리를 당함으로써 개인에게 '수치심'을 유발시키는 처벌 방법이다. 이러한 '조리돌림'은 창피의식으로 인해 사회 규범이 강조되는 규범적 체면의 징벌적 측면을 보여준다.[22)]

이상으로 채만식의 작품에서는 일상에서 나타나는 의복, 매너, 여성의 정조 관념 등이 사회의 규범과 관련된 규범적 체면으로 나타난다. 그리고 이러한 규범적 체면이 손상됐을 때 그 당사자보다는 이를 지켜본 구성원이 수치심을 느끼는 집단주의 문화의 현상을 볼 수 있다. 이를테면 「보리방아」에서는 아버지의 정갈하지 못한 의복을 보고 딸이 부끄러움을 느끼

---

22) 또한 문화혁명기를 살아가는 인물을 다룬 위화의 장편소설 『허삼관 매혈기』, 『인생』에서도 '체면'에 관한 표현이 빈번하게 나타나며 이러한 '체면'은 대부분 '수치'와 관련한 규범적 체면의 성격을 지니고 있다.

고 있고, 「레디 메이드 인생」은 정조와 관련된 여성의 수치심 상실에 남
성 인물인 주인공 P가 '돈'과 연관된 양가적 가치에 의문을 제기하고 있다.
이와 비교했을 때 라오서의 작품에서 규범적 체면은 여성의 정조와 관혼
상제와 같이 인간의 도리와 관련된 유교적 가치가 반영되어 나타난다. 그
런데 이러한 규범적 체면은 인물들이 처한 '돈'의 문제와 연관되어 '돈' 때
문에 '체면'을 버리거나, '체면' 때문에 '돈'을 포기하는 아이러니한 모습을
보이기도 한다.

3) 과시적 체면

과시적 체면은 개인의 능력과 관련된 능력 체면이라고 할 수 있다. 과
시적 체면은 채만식과 라오서의 작품에서 특징적으로 찾아볼 수 있다. 채
만식의 소설에서 과시적 체면은 주로 '양반'이라는 신분과 '교육'을 통해
나타난다. 채만식의 대표작 「태평천하」와 「레디 메이드 인생」은 대다수
의 사람들이 양반이나 지식인이 되는 것을 사회적인 위치를 갖추는 것으
로 여기는 당시 사회의 인식을 보여주고 있다. 이러한 인식은 전통적인
입신양명(立身揚名) 의식이 신학문 교육으로 전환되는 현상에서 야기된 것
으로 볼 수 있다. 이러한 맥락으로 「레디 메이드 인생」에서는 신학문 교
육 열풍 현상에 관한 시대 배경이 제시되고 있다.

> "배워라, 글을 배워라…… 지식만 있으면 누구나 양반이 되고 잘 살 수
> 가 있다."
>
> 채만식, 「레디 메이드 人生」, 『채만식 전집 7』(1987), 52면.

이러한 신학문 교육 열풍에도 불구하고 「태평천하」의 윤직원 영감은
지식 이외 다른 방법으로 양반이 된 인물이다. 수단과 방법을 안 가리고

경제적으로 부를 축적한 그는 오로지 온전한 양반이 되기 위해 노력한다. 그래서 그는 양반이 되는 단계로 족보 새로 꾸미기, 직원(直員)이라는 향교 의 우두머리 벼슬 사기, 자식들의 양반 혼인, 그리고 최종적으로 집안의 양 반을 배출하기 위해 손자 두 명을 군수, 경찰서장으로 만들기로 결심한다.

> 윤두꺼비가 이윽고 세상이 평안한 뒤엔, 집안의 문벌 없음을 섭섭히 여 겨, 가문을 빛나게 할 필생의 사업으로 네 가지 방책을 추진했습니다.
>
> 맨 처음은 족보에다가 도금(鍍金)을 했습니다. (중략)
>
> 윤두꺼비로서야 과거를 보아 벼슬을 해서 양반이 되겠습니까? 능참봉을 하겠습니까? 아쉰 대로 향교의 직원이 만만했겠지요. 그래서 그는 직원이 되었습니다. (중략)
>
> 그 다음, 윤직원 영감이 집안 문벌을 닦는 데 또 한 가지의 방책은 무어 냐 하면, 양반 혼인이라는 좀더 빛나는 사업이었습니다. (중략)
>
> 그 다음 마지막 또 한 가지가 무엇이냐 하면, 이제 가장 요긴하고 값나가 는 품목(品目)입니다. 집안에서 정말 권세 있고 실속 있는 양반을 내놓자는 것입니다. 군수 하나와 경찰서장 하나…… 게다가 마침맞게 손자가 둘이지요.
>
> 채만식, 「태평천하」, 『채만식 전집 3』(1987), 43-46면.

위와 같이 윤직원 영감이 양반이 되기 위해 노력하는 이유는 경제적인 부는 축적했지만 학문과 덕망이 없는 가문에서 교육을 받아 높은 관직에 있어야 자신이 온전한 양반이라는 사회적인 체면을 유지할 수 있기 때문 이다. 이렇게 수단 방법 가리지 않고 겨우 양반의 직책이나마 얻은 윤직 원 영감이 양반이라고 과시하고 다니는 모습을 보고 시아버지와 사이가 좋지 않은 며느리는 아래와 같이 비판하게 된다.

> "아이구! 그, 드럽구 칫살스런 양반! 그런 알량한 양반하구넌 안 바꾸 어…… 양반, 흥! 양반이 어디 가서 모다 급살맞어 죽구 읊덩간만…… 대체 은제적버텀 그렇게 도도한 양반인고? 읍내 아전덜한티 잽혀 가서 볼기 맞

이면서 소인 살려 줍시사 허던 건 누구고? 그게 양반이여? 그 밑구녕 들칠
수록 구린내만 나너만?"

채만식, 「태평천하」, 『채만식 전집 3』(1987), 68면.

「레디 메이드 인생」에서는 모든 사람이 신교육을 통해 양반이 되고
지식인이 되기를 열망하는 사회 분위기에서 현실 속 노동시장은 이미
포화 상태가 되어 버린 1930년대 '인텔리' 지식인의 문제가 지적되고
있다. 이 작품에서 주인공 P는 가난한 형편임에도 집안의 체면 때문에
조카에게 노동을 시키는 것을 꺼려하는 백부의 모습에 자조적 태도를
보인다.

① P의 형은 작년에 조카를 보통학교에 입학시키었다. 그러나 극빈 축에
드는 집안인지라 몇 푼 아니 되는 월사금과 학비를 대지 못하여 중도에 퇴
학시켰다. 애초에 입학시킬 상의로 P에게 편지를 했을 때에 P는 공부 같은
것을 시켜봤자 소용이 없으니 차라리 뼈가 보드라운 때부터 생일(勞動)을
시키라고 하였다. P의 형은 그러나 백부(伯父)의 도리로나 집안의 체면으로
나 창선이를 생일을 시킬 수가 없었다. 차라리 자기 손에 두어 헐벗기고 헐
입히면서 공부도 시키지 못하느니 제 아비인 P더러 데려가라고 작년부터
편지를 하던 것이다. (중략)
"흥! 체면! 공부! 죽여도 인텔리는 만들잖는다."
P는 혼자 이렇게 두덜거렸다.

채만식, 「레디 메이드 人生」, 『채만식 전집 7』(1987), 58-59면.

② "거 참 모를 일이요 우리 같은 놈은 이 짓을 해가면서고 자식을 공부
시키느라고 애를 쓰는데 되려 공부시킬 줄 아는 양반이 보통학교도 아니
마친 자제를 공장에 보내요?"

채만식, 「레디 메이드 人生」, 『채만식 전집 7』(1987), 74면.

①에서 나타난 바와 같이 지식인 실업자 P는 체면이나 체통보다는 자

식이 자신과 같은 포화상태의 지식인이 되는 것을 바라지 않아서 자식을 학교에 보내지 않고 공장으로 보낸다.[23] ②는 이러한 P의 선택을 의아해 하는 공장 사람의 말로 그 당시 대다수 사람들의 생각을 반영하고 있다. 이와 같이 채만식의 소설에서 과시적 체면은 배운 사람과 양반이라는 사회적 지위를 가지기 위한 모습으로 나타난다. 그렇지만 이러한 사회적 지위에 대한 체면은 '돈'과 관련된 경제력의 문제로 갈등을 보이고 있다.

이에 비해서 라오서의 소설에서 과시적 체면은 '돈'을 빌리는 문제나 자신의 직업 세계에서의 명성과 직업의식으로 나타난다. 『낙타샹즈』에서 주인공 샹즈는 인생의 꿈인 인력거를 사기 위해 계를 조직하여 돈을 모아 인력거를 사는 방안을 제안 받는다. 그렇지만 샹즈는 인력거를 얻기 위해 다른 사람에게 돈에 대한 아쉬운 소리를 해야 하는 자신의 입장을 창피해 하면서 체면의 실추를 아래와 같이 걱정하는 모습을 보인다. 그래서 자신의 삶의 목표가 되었던 인력거는 아예 깨끗하게 자기가 운이 닿아서 살 수 있는 것으로 결정해 버리게 된다.

> 그렇지만 스무명이나 되는 사람들을 어디가서 끌어모야야 하나? 설사 수가 채워졌다고 하자. 이것은 체면에 관계된 일이다. 자기가 돈이 궁하여 계를 조직한다면, 남도 언젠가는 또 자기보고 계를 들어달라고 하지 않겠나? 계를 한다 해도 이런 불경기에 언제 와르르 무너질지 알게 뭐람. 사내대장부가 남에게 굽신거리다니 아예 깨끗하게 자기가 운이 닿아서 살 수 있으면 한 대 사는 것이지, 남에게 아쉬운 소리 할 것 없다. 내 힘으로 해보자.
> 라오서, 『루어투어 시앙쯔』(1986), 351면.

---

23) 이러한 모습은 채만식의 작품 「명일(明日)」에서 더욱 확연히 나타난다. "세상에서 가장 만만한 사람이 돈 없는 인텔리"라고 자조하던 주인공 범수는 돈 없는 지식인에게는 내일(明日)이 없다며 자식을 교육시키고자 하는 아내와 다툼을 벌이게 된다. 결국 둘째 아들 종태는 아내 영주를 따라 사립학교를 찾아가게 되고, (승어부(勝於父)를 한) 첫째 아들 종석은 주인공 범수를 따라 서비스 공장으로 향하게 된다.

한편 라오서의 『낙타샹즈』에서 과시적 체면은 직업적인 책임의식과 관련해서 나타난다. 『낙타샹즈』에서 샹즈는 존경하는 차오선생을 태우다가 인력거 실수를 하게 된다. 이에 샹즈는 인력거꾼으로서 자신이 능력이 부족해 명예가 실추되었다는 '체면'의 손상 때문에 창피함을 느낀다. 물론 이러한 인력거꾼의 직업의식에서 기인한 체면은 아래와 같이 도덕성을 지닌 손님을 태웠을 때만 해당되는 것이다.

> (상략) 일을 때려치우고, 급료를 사양하는 것은 시앙쯔 입장으로 볼 때는 거의 자살행위나 다름이 없었다. 그러나 책임과 체면이 이러한 계제에서는 목숨보다도 더 중요한 듯이 여겨졌다. 넘어뜨린 사람이 다른 사람 아닌 바로 차오선생이었기 때문이다. 만약에 그가 그 양씨 부인을 태우다 내팽개쳤다면, 까짓꺼 내팽개쳐지면 팽개쳐지라지, 고거 잘코사니야! 양씨부인에 대해서는 거리의 깡패기질을 유감없이 발휘할 수가 있다. 그녀가 사람대접을 해주지 않으니, 그도 인정사정 볼 것 없다, 돈이면 다인데, 무슨 얼어빠질 체면 따지고, 예의 차리게 되었느냐? 차오선생은 근본적으로 그러한 사람이 아니기 때문에 시앙쯔는 돈을 희생해서라도 체면을 살려야만 했다. 그는 누구를 원망하기에 앞서 자기 자신의 운명을 한탄하였다.
>
> 라오서, 『루어투어 시앙쯔』(1986), 340-341면.

또한 『낙타샹즈』에서는 중심 인물인 '샹즈' 이외에도 다른 주변 인물들 역시 자신의 명성과 체면을 소중히 여기는 인물로 나타난다. 아래 ① 에서 리우 쓰예 노인은 자신의 딸 후니우가 샹즈와 결혼하려고 하자 주먹세계에서 자신이 쌓아온 명성과 체면을 망쳤다고 느낀다. 지금은 비록 노인이지만 과거 몸 담았던 주먹세계에서 자신의 힘과 능력을 과시해 왔던 것이다. ②에서도 샹즈의 이웃인 얼치앙쯔가 새 인력거를 끌면서 자신이 고등 인력거꾼이라고 되는 듯이 과시하는 모습이 보인다.

① (상략) 내가 일생동안 체면 세우고 당당하게 살았는데, 그년 때문에 하루아침에 체면을 다 망쳐버렸으니,

　　　　　　　　　　　　라오서, 『루어투어 시앙쯔』(1986), 440면.

② 그는 장사를 그만두고 다시 인력거를 끌기로 결정했다. 남은 돈마저 모두 헛되이 내다버릴 수는 없었다. 그는 인력거를 샀다. 취해 있을 때는 개망나니였지만, 깨어있을 때는 체면을 찾았다. 체면을 찾노라니 항상 헛폼만 잡고, 격식만 되게 찾는다. 새 인력거를 샀으니, 옷차림도 말쑥해야 했다. 그는 자기가 고등 인력거꾼이라는 착각을 가지고 고급 차를 마시고 체통있는 손님을 태워야 한다고 생각했다.

　　　　　　　　　　　　라오서, 『루어투어 시앙쯔』(1986), 474면.

비슷한 일례로 라오서의 「개시 대길(開始大吉)」은 엉터리 의사의 영업번창기로 '돈'과 '의사'라는 직업에 대한 체면의 관계를 아이러니하게 표현하고 있다. 여러 영업 형태로 손님을 유치하는 병원에서 손님을 치료할 능력이 없는 엉터리 의사이지만 의사라는 직업을 가진 체면상 메스를 사용하여 손님에게 돈을 뜯어내는 모습이 희화화되고 있다.

라오왕과 나는 어쨌든 그래도 개업한 셈이다. 그러나 라오주는 좀 체면상으로도 재미가 적은 모양이다. 그는 언제나 손에 메스를 움켜쥐고 있다. (중략)

"당신은 여기 구멍이 났는데 우리는 구멍을 짼다는 이야기는 하지 않았소. 그대로 연하여 째겠소? 안 째겠소? 째겠다면 삼십 원을 더 치러야겠소. 안 째겠다면 그만 다 됐소"

나는 옆에서 가만히 대강을 짐작하고-참으로 라오주다운 짓이다! 차츰차츰 끌고 나가서 돈을 짜내는 방법이다.

　　　　　　　　라오서, 「개시 대길」, 『고향』(2009), 201-202면.

이상과 같이 채만식의 작품과 라오서의 작품 모두에서는 과시적 체면

이 두드러지게 나타나지만 다른 양상을 보이고 있다. 채만식의 작품에서 과시적 체면은 '사회적 지위'를 얻기 위한 방법이 '교육'을 통해 가능한 것으로 나타난다. 채만식의 작품 「태평천하」에서 돈으로 양반이 된 윤직원은 진짜 양반이 되기 위한 최종 목표로 자식을 가르쳐 어떻게든 군수나 경찰서장 같은 관리를 만들려는 욕망을 보인다. 이러한 윤직원 영감의 행동은 온전한 양반이 되려는 과시적 체면에서 비롯한 것이다. 이와 달리 「레디 메이드 인생」은 여러 가지 이유로 사회에 수용되지 못한 지식인 P가 체면을 무릅쓰고 자식에게 학업을 포기시키는 모습을 보여주고 있다.

이에 비해서 라오서의 『낙타샹즈』에서 샹즈는 돈 때문에 다른 사람에게 아쉬운 소리를 하지 않으려는 남자로서의 체면과 자신의 직업 세계에서 명성을 얻으려는 모습을 나타내는데, 이는 샹즈의 주변 인물들에게도 찾아볼 수 있다. 또한 『낙타샹즈』에서 과시적 체면은 인력거꾼의 직업적인 책임의식으로 나타나고, 「개시 대길」에서는 엉터리 의사이지만 적어도 '메스'를 손에 쥐고 손님의 돈을 뜯어내려는 인물을 통해 직업과 관련해 자신의 능력을 과시하려고 하는 모습을 보이고 있다.

4. 결론

한국과 중국의 문화에서 강조되는 '체면'은 사회적으로 학습되고 구성되어 나타난 집단적 정서로 다양한 문화적 함의를 내포한다. 중국과 한국 모두 전통적으로 체면을 중시했으며, 이러한 체면은 의사소통과 사회 유지를 위한 도덕적 규범, 능력 과시 등 여러 기능적 측면으로 나타난다.

이러한 관점에서 이 글은 한국과 중국에서 나타나는 '체면'의 개념을 고찰하고, '체면'의 기능적 측면을 중심으로 언어적 체면과 규범적 체면, 과시적 체면으로 분류하였다. 그리고 한국과 중국의 체면 문화를 알아보기 위해 한국과 중국의 문학텍스트에 구현된 '체면'의 양상을 비교하여 분석하는 것을 연구방법으로 하였다. 대상 작품은 1920-30년대 한국과 중국의 사실주의를 대표하며 '풍자'와 '아이러니'의 문학 세계를 보이는 채만식과 라오서(老舍)의 소설로 하였다. 이를 통해 이들 작품에 나타난 '체면'의 양상을 언어적 체면과 규범적 체면, 과시적 체면으로 살펴보았다.

분석 결과 채만식의 작품에서는 의사소통에서 상대방의 체면을 고려하여 우회적으로 '호칭'을 사용하는 언어적 체면을 찾을 수 있었다. 이에 비해서 라오서의 작품에서는 호칭과 체면치레 같은 대화 등을 통해 자신의 '체면'이나 '수치'를 염두에 두는 상황적 표현을 찾을 수 있다.

도덕성과 사회 규범과 관련된 규범적 체면은 채만식의 작품에는 일상에서 의복과 매너, 그리고 여성의 정조 관념으로 나타난다. 그런데 이러한 규범적 체면이 손상됐을 때 '수치'를 느끼는 대상은 체면이 손상된 당사자보다는 이를 지켜보는 인물에게서 나타나고 있다. 이에 비해서 라오서의 작품에서 규범적 체면은 여성의 정조와 관혼상제를 지키는 장례 문화로 나타나며, 이러한 규범적 체면은 '돈'과 체면이 역전관계를 보이면서 아이러니로 표현된다. 이때 '돈' 때문에 '체면'을 잃거나 체면을 버렸을 때 '수치'를 느끼는 대상은 체면을 지키고자 했던 당사자들이다.

과시적 체면은 채만식과 라오서 작품 모두에서 두드러지게 나타난다. 그런데 두 작품에서 자신의 능력을 과시하는 모습은 다른 양상을 보인다. 채만식의 작품에서 과시적 체면은 교육을 통해 사회적 지위를 얻으려는 노력으로 나타난다. 그리고 교육의 문제를 체면과 연관해 생각하는 것도 엿볼 수 있다. 이에 비해서 라오서의 작품에서 과시적 체면은 '돈'과 관련된 남자로서의 체면과 자신이 몸담은 직업세계에서의 명성, 그리고 직업적 책임의식과 관련해 자신의 능력을 과시하려고 하는 것으로 나타난다.

이상과 같이 채만식과 라오서 작품에 나타난 체면의 양상을 분석한 결과 채만식의 작품에서 언어적 체면은 '상대방'의 체면을 위한 우회적인 표현으로 나타나고, 라오서의 작품은 '자신'의 체면을 위한 표현 방식으로 나타나는 차이를 보이며, 규범적 체면은 도덕성을 위반하였을 때 수치심을 느끼는 '대상'이 집단의 구성원인지 아니면 자기 자신인지에 따라 다르게 나타남을 알 수 있다. 그리고 과시적 체면은 채만식과 라오서의 작품에 주요한 특징으로 나타나고 있지만 다른 양상을 보이고 있다. 채만식 소설에서 과시적 체면은 돈뿐만 아니라 교육을 통해 사회적 지위를 가지는 것으로 나타난다. 이에 비해서 라오서의 작품에서 과시적 체면은 자신의 직업세계에서 나름대로 명성을 얻는 것으로 보인다.

이 글에서는 채만식과 라오서의 작품들을 분석함으로써 한국 소설과 중국 소설에서 체면이 구현되는 양상의 일면을 살펴볼 수 있었다. 이러한 분석을 통해 한국 소설과 중국 소설을 일반화할 수는 없겠지만 한국과 중국을 대표하는 작품을 비교해 보는 작업으로 한국과 중국에서의 '체면' 문화의 일면을 알아볼 수 있을 것이다. 한국 문학과 중국 문학을 비교하는 작업은 한국 문학에 나타난 여러 특징들을 객관적으로 규명하게 하는 관점을 제공할 것이며, 한국의 문화를 더욱 명확하게 이해하게 할 것이다. 아울러 실질적인 문학 교육의 모델을 마련하기 위한 기초 연구가 될 수 있다는 점에서 의의가 있다.

(세계문학비교연구 제58집)

참고문헌

1. 기본자료

채만식, 「太平天下」, 『채만식 전집 3』, 창작사, 1987.
_____, 「레디 에이드 人生」, 「보리방아」, 「明日」, 『채만식 전집 7』, 창작사, 1987.
라오서 지음, 최영애 옮김, 『루어투어 시앙쯔』, 통나무, 1986.
라오서(老舍) 지음, 고점복 옮김, 『마씨 부자(二馬)』, 창비, 2013.
노사(老舍) 라오서, 엄영욱 역, 「조각달(月牙兒)」, 중국현대단편소설모음집, 도서출판
　　　상록수, 1999.
라오서 지음, 이명선 옮김, 민병덕 엮음, 「개시 대길(開市大吉)」, 『고향』, 정산미디
　　　어, 2009.

2. 단행본

이규태, 『한국인의 의식구조 1』, 신원문화사, 1983
임홍빈, 『수치심과 죄책감 -감정론의 한 시도』, 바다출판사, 2013.
주민욱, 『중국인의 체면』, 커뮤니케이션북스, 2014.
최상진, 『한국인의 심리학』, 학지사, 2011.
자넷 리틀모어, 김주식 · 김동환 옮김, 『인지언어학과 외국어교수법』, 소통, 2012.
제롬 케이건 지음, 노승영 옮김, 『정서란 무엇인가?』, 아카넷, 2009.
David Matsumoto · Linda Juang, 신현정 · 이재식 · 김비아 옮김, 『문화와 심리학』, 박
　　　학사, 2013.
Geert Hofstede 저, 차재호 · 나은영 역, 『세계의 문화와 조직』, 학지사, 1995.
James W. Kalat, Michelle N. Shiota지음, 민경환 외 4인 옮김, 『정서심리학』, 시그마
　　　프레스, 2007.
Shinobu Kitayama and Hazel rose Markus, *Emotion and Culture*, American Psychological
　　　Association, 1994.

3. 논문

박기순, 「한국인의 커뮤니케이션: 체면-눈치-기분의 상호거래적 분석」, 『커뮤니케이
　　션학연구』 제6권 1호, 1998.

임태섭, 「체면을 숭배하는 나라, 한국」, 『정, 체면, 연줄 그리고 한국인의 인간관계』,
　　한나래, 1995.

문화콘텐츠 개발을 위한
한·중·일 대학생들 간의 정서 차이*
 - '수줍음'과 '친밀감'을 중심으로

1. 서론

언어는 의사소통을 위한 표현이다. 의사소통을 위한 언어 표현의 기저
에는 그 나라의 문화적 사고가 내재되어 있다. 문화적 사고는 언어 이외
에 언어에 준하는 준 언어와 손짓이나 표정, 동작과 같은 비언어로 표현
될 수 있다. 비언어로 표현되는 의사소통은 문화권에 따라 상황에 대한
느낌이 다르게 표현될 수 있다. June Ock Yum(2000)은 한국·중국·일본
의 동아시아 지역의 의사소통의 특징을 다음과 같이 제시한 바 있다. 1)
함축적 해석의 과정이 포함된 과정 지향의 의사소통이다. 2) 상황과 관련
된 대상에 따라 언어 코드가 달라진다. 3) 간접적 소통을 강조한다. 4) 수
신자 중심으로 의미는 해석에 달려 있다. 여기서 상황과 대상에 따라 달
라지는 언어 코드는 사회적 지위, 친밀감의 정도, 연령, 성별, 그리고 형
식 수준이 영향을 미치게 된다. 그리고 간접적 소통에는 상대방의 체면을
위해 에둘러 말하는 방식이 있으며, 수신자 중심의 소통은 말하는 사람이

* 조수진(주저자) / 이재은(신한대학교 교양학부 조교수, 경영학 박사(마케팅), 교신저자)

원하는 것이 무엇인지 알아차리는 것과 관련이 있다. 수신자 중심의 의사소통은 발신자가 메시지를 받아들이면서 의미를 창조하는 것으로 발신자가 효과적인 전달 기법을 향상하는 방법을 강구하는 북미의 발신자 중심의 의사소통과 차이가 있다. June Ock Yum(2000)은 이러한 소통방식을 동아시아 유교 문화의 영향이라고 밝히고 있다.

이처럼 한·중·일이 동아시아 지역에 인접한 국가들로 동일한 유교문화를 공유한다고 하더라도 그들의 문화적 정서는 그들의 환경적·상황적 요인에 따라 매우 다를 것이다. 이 연구는 한국, 중국, 일본의 문화적 정서의 특징을 살펴보고, 한국, 중국, 일본인의 수줍음과 친밀감의 정서가 어떻게 차이가 나는지를 알아보고자 한다.

최근 한류의 영향으로 한국을 찾는 관광객 및 한국문화를 배우려는 외국인들이 늘어나고 있는 상황이다. 이 연구는 외국인을 중심으로 한국어 교육에 국한하여 연구되었던 정서의 개념을 소비자 행동과 연계하여 정서적 특성에 맞는 콘텐츠 개발의 중요한 요소를 찾아내는 기틀을 마련하는데 초석이 될 것이라고 생각된다.

비언어로 표현되는 수줍음과 친밀감은 사람들의 행동 문화를 반영한다. 서로 다른 문화를 지닌 사람이 소통할 때 수줍음은 서로의 의사소통에 영향을 줄 수 있다. 이러한 수줍음은 친밀감을 표현하는 것과도 관련이 있기 때문에 상황과 대상에 따라서 다르게 나타날 것이다. 이러한 상황에서 문화 간 정서 차이에 대한 연구는 서로 다른 문화를 이해하고 소통하는데 필수불가결한 필요조건이 되고 있다. 이 연구는 문화의 전달 수단인 언어문화 콘텐츠를 개발하는데 연구의 목적이 있다. 더불어 문화콘텐츠를 개발하는 산업에 실무적인 시사점을 제공하고자 한다.

2. 이론적 배경

1) 문화적 정서의 개념

정서는 인간의 심리를 표현하는 인간의 기본적인 감정 표현을 의미한다. 인간의 기본적인 감정을 표현하는 정서는 구성주의 관점에서 정서가 사회적으로 학습되고 구성된다는 정서의 문화적 속성으로 논의된다. 구성주의에 따르면 정서가 문화적 환경 속에서 학습되고 형성되기 때문에 문화에 따라 정서가 다르게 표현된다는 것이다.

Plutchik(2004)은 인간의 '기본 정서'를 '두려움, 분노, 기쁨, 슬픔, 수용, 혐오, 기대, 놀라움'의 8가지 범주로 분류한 바 있다. 또한 Harrison(1986)은 가상적인 장면 170개를 만들어 참여자들에게 특정 장면에 대한 반응으로 주로 어떤 정서 용어들이 이용되는지 확인하기 위해 단어들을 군집으로 묶어 보았다. 분석 결과 놀라움, 사랑, 행복, 기대, 두려움, 수치, 슬픔, 성취, 질투, 분노라고 하는 10개의 요인이 산출되었다. 이는 Plutchik의 인간의 기본 감정 표현 8가지 범주에 수치, 성취, 질투의 감정이 추가된 것이다. 여기서 성취는 기쁨의 감정에 포함될 수 있고 질투는 혐오의 감정 영역에 포함될 수 있을 것이다. 그런데 수치는 인간의 기본 감정보다는 문화권에 따라 다르게 나타나는 문화적 정서의 측면에서 고찰할 수 있는 정서이다. 그렇기 때문에 인간의 기본 정서일지라도 문화권에 따라 다르게 표현될 수 있다. 정서적 느낌은 거의 모든 사람에게 보편적일 수 있지만 기본적인 감정을 어떻게 표현하는가는 문화의 산물이기 때문이다. 이에 따라 언어가 학습되듯이 수치와 같은 감정을 표현하는 것도 사회적으로 학습될 수 있다.

Markus & Kitayama(1994)는 생물학적 측면에서 인간의 기본 정서만이 아니라 사회적으로 학습되면서 구성되고 형성되는 문화적 정서를 강조한 바 있다. 문화적 정서는 사회적 산물이며 언어와 인지 작용의 결과로 나타난다. 그리고 정서는 도덕 범주와 도덕 현상을 나타내며 이러한 정서는 문화적으로 형성된다. 또한 이러한 정서의 문화적 차이는 크게 개인적 실제와 집합적 실제로 분류되며 개인주의 문화와 집합주의 문화의 특징을 보인다. 개인주의 문화는 개인의 독특함과 개인의 권리, 자기 자신에 대한 진실함과 다른 사람으로부터 독립을 강조한다. 이에 비해 집합주의 문화는 개인보다 집단을 우선시하는 것, 집단 동일시, 복종, 사회적 조화, 상호 의존에 가치를 부여하는 것이다.

자부심, 수치심, 죄책감, 당혹감과 같은 자의식 정서(self-conscious emotion)는 개인주의 문화와 집단주의 문화에 속한 구성원에 따라 다르게 나타난다. 자의식 정서에서 수치심(shame)은 무언가에 실패했거나 도덕적으로 잘못을 저지르고 나서, 이를 자신의 전반적, 안정적 결함에 초점을 맞추었을 때 느끼는 부정적 정서이다. 죄책감(guilt)은 무언가에 실패했거나 도덕적으로 잘못을 저지르긴 했지만, 이를 바로잡고 앞으로 이러한 실수를 반복하지 않으려는 것에 초점을 맞추었을 때 느끼는 부정적 정서를 의미한다.

Jerome Kagan(2007)은 '수치심'과 연관된 중국어 단어 100여 개를 분석해보면 수줍은 성격, 얼굴을 붉히는 행위, 공동체 규범을 어기는 행동, 이 정서를 유발한 사람을 향한 분노, 부끄러움을 모르는 사람 따위를 가리키는 단어들을 찾을 수 있다고 했다. 그런데 중국인들과 달리 미국인들은 수치심(shame)을 공동체 규범을 모르고 어기는 것으로 본다는 것이다.

권력거리와 사회의 개인주의 정도에 따라 개인주의 사회와 집합주의 사회로 분류한 Hofstede(1995)는 사회적 규범에 관한 집단적 정서와 관련하여 개인주의 사회는 죄책감의 문화로 표현되고 집단주의 사회는 수치감의 문화로 표현될 수 있다고 했다. 개인주의 사회에서 사회의 규칙을 어긴 사람들은 종종 죄책감을 느끼게 되는데, 이것은 남모르는 내부의 보이지 않는 안내자의 기능을 하는 개인의 양심에서 나오는 것이다. 반면, 집합주의 사회는 집단 성원이 사회의 규칙을 어기면 같은 집단에 속해 있는 사람들은 집단적인 의무감에서 오는 수치감을 느낀다.

이와 관련하여 임홍빈(2013)은 집단주의 사회의 수치 문화를 사회의 질서를 유지하기 위해 사회문화적으로 학습된 집단적 정서의 표현으로 고찰하였다. 수치의 감정은 사적인 영역과 공적인 영역의 차이에 근거한 문화적 변별성의 지표인 것이다. 그래서 일상적인 삶 속에서 드러나는 태도와 의복, 매너와 같은, 예를 들어 남의 눈에 띄기를 거부하거나 여러 형태의 '겸손'을 표방하는 몸짓과 복장, 표정들 또는 자신의 생각을 구체적인 발언으로 표현하는 데 대한 여러 형태의 주저하는 태도들은 더 근원적인 차원에서의 도덕적 수치의 감정과 무관한 사회적 의사소통의 한 관습으로 해석될 수 있다. 이와 같은 동양의 비언어적 표현의 근간이 되는 수치 문화의 이론적 배경을 참고로 이 글에서는 일상적 삶 속에서 수줍음이 내재한 태도를 형성하게 하는 문화적 배경을 중심으로 문화적 의사소통으로서 '수줍음'과 '친밀감'을 고찰하고자 한다.

2) 수줍음과 친밀감에 관한 연구

수줍음을 집단 간으로 비교한 연구로 이종희(1991)는 수줍음의 집단 간 차이를 여성과 남성이라는 '성별'과 내향적 집단과 외향적 집단이라는 '성격'을 변인으로 고찰한 바 있다. 그리고 이들 집단의 수줍음의 정도 차이와 수줍음의 대상, 상황에 따른 수줍음의 정도 차이를 살펴보았다. 연구 결과 여성과 남성 모두 수줍음이 많은 것으로 나타났으나 남성은 자신을 수줍어하는 사람으로 생각하지 않고 있었다. 또한 내향적 집단이 수줍음이 더 많았다. 수줍음의 상황별 요인으로 남성은 남에게 도움을 요청하는 상황에서, 여성은 대중 앞에 설 때, 밀폐된 공간에서 이성과 함께 있는 상황에서 유의미하게 높은 반응을 보였다. 또한 내성적 집단은 사교 모임, 도움 요청 시, 소집단에서 발표, 낯선 사람을 소개받을 때, 밀폐된 공간에 이성과 함께 있는 상황에서 유의미하게 높은 반응을 나타냈다. 수줍음의 대상에서는 이성이나 나이 많은 사람과 함께 있을 때 수줍음을 가장 많이 느끼는 것으로 나타났다. 여성에 비해 남성이 전혀 모르는 사람과 함께 있을 때 더 많이 수줍음을 느끼고, 세 사람 이상과 함께 있는 경우에 내향적 집단이 더 많이 수줍음을 느끼는 것으로 나타났다. 이 연구에서는 수줍음의 원인이 되는 여러 요인에서 유의미한 남녀차이는 없으나 내향적 집단과 성격이 유의미하게 높은 반응을 보인 것으로 나타났다.

허묘연(1996)은 수줍음의 정도 차이를 성별과 상황에 따라 비교하였다. 연구 결과 수줍음의 정도에서 고등학생의 경우 남성이 여성보다 수줍음을 더 많이 느끼고 있으나 대학생의 경우에는 남성과 여성 간에 의미 있는 차이를 보이지 않았다. 또한 수줍음의 해석보다는 상황에 따른 수줍음의 정도 차이가 유의미한 차이가 있음을 고찰하였다. 결과적으로 이종희(1991)와 허묘연(1996)의 연구에서 '성별'은 유의미한 차이를 보이지 않았다. 수줍음의 주요 요인으로 이종희(1991)의 연구는 내향성과 외향성이라는 '성격'을 유의미한 변인으로 보았으며, 허묘연(1996)은 상황에 따른 수줍음의 '정도'를 주요 요인으로 보았다.

남기숙·조선미·이훈진(2006)은 한국어 수치심 낱말들을 수치심 척도로 사용하기 위하여 신뢰도, 타당도, 임상적 적용가능성을 탐색한 결과 총 세 개 요인으로 요인분석을 했다. 첫 번째 요인은 '소심한', '숫기 없는' 등의 낱말로 수줍음을 잘 타는 성격을 묘사했고, 두 번째 요인은 '모욕당하는', '능멸당하는'과 같이 주로 외부로부터 비판이나 모욕, 멸시를 받았다고 여기는 데서 오는 강한 수치심의 감정을 표현하는 단어들이었다. 세 번째 요인은 '계면쩍은', '낯 뜨거운', '면목 없는'과 같이 주로 얼굴과 관련된 표현이 많은 단어들로서 자의식 또는 가벼운 당황감을 느끼게 하는 표현들이다. 수치심 척도로 사용하기 위한 첫 번째와 두 번째 요인인 수줍음과 모욕감의 하위 요인은 수치심의 구조에서 이론적, 경험적으로 안정된 요인으로 생각되는 반면 세 번째 요인 자의식은 이론적으로 그럴 법하나 경험적인 안정성을 확보할 필요가 있는 것으로 나타났다.

친밀감과 관련된 문화적 논의로 Hall(1984)은 친밀감을 표현하는 문화적 대인 거리를 고찰한 바 있다. Hall은 친밀감을 표현하는 문화적 대인 거리를 친밀한 거리, 개인적 거리, 사회적 거리, 공공적 거리로 분류하였다. 여기서 친밀감이 가장 가까운 것은 친밀한 거리이며, 친밀감이 가장 먼 거리가 공공적 거리이다. 이와 비교했을 때 '거리감'과 관련된 유난영(2008)의 연구는 사회적 거리감, 신체적 거리감, 대인적 거리감을 고찰하고 있다. 이 연구에서 논의하고 있는 사회적 거리감은 외집단으로서 간주되는 다문화 청소년의 거리감으로 볼 수 있다. 이와 함께 신체적 거리감은 친밀감, 감정적 고정관념, 교급을 주요 변인으로 보았고, 대인적 거리감은 감정적, 인지적, 고정관념, 친밀감을 주요 변인으로 보았다.

위의 연구와 같이 문화적 관점에서 친밀감과 관련된 국내의 연구는 주로 다문화가정 청소년을 대상으로 진행되었다. 유난영(2008)은 다문화 가정 청소년을 대하는 한국인의 사회적 거리감을 양적 연구방법으로 고찰했다. 사회적 거리감은 성별, 교급(초·중·고), 가족형태 인식, 지역, 성적, 친밀감, 단일민족의식을 변인으로 고찰할 수 있는데 이중 친밀감은 신체적 거리감에 유의한 설명력을 가진 변인이 된다. 신체적 거리감과 대인적 거리감, 사회적 거리감은 친밀감(β=-.49)과 감정적 고정관념(β=-.32), 교급(β=-.23) 등을 주요 변인으로 설명할 수 있다. 친밀감이 낮을수록 신체적 거리감과 대인적 거리감, 사회적 거리감이 높게 나타나는 것이다.

이에 비해서 김건숙·최은미·이호준(2014)은 다문화가정 청소년이 또래친구들과 형성하는 친밀감과 경험과 관련된 질적 분석을 시도하였다. 이 연구는 농촌지역 다문화가정 청소년이 또래관계 친밀감이 높을수록 학교적응력이 높다는 가정에 입각해 농촌지역 다문화가정 청소년이 또래관계 친밀감을 어떻게 경험하는가를 질적으로 분석하였다. 이를 위한 연구 방법으로 농촌지역 중·고등학교에 재학하고 있는 다문화가정 청소년 14명을 심층면접하고 그 자료를 분석하였다. 분석 결과 방해와 어려움, 어려움의 극복, 긍정, 경험, 친밀감의 의미, 필요한 의미 5개 영역과 35개의 범주가 도출되었다. 농촌지역 다문화가정 청소년의 친밀한 또래관계를 방해하는 요인은 외모 차이, 소수자로서 소외감 등으로 분석했으며 이들이 인식하는 또래관계 친밀감의 의미는 함께함, 잦은 접촉, 도와줌, 말이 통함, 편안함, 위로 제공, 자기를 드러냄, 믿고 의지함 등으로 나타났다.

이상에서 살펴본 바와 같이 수줍음 연구는 한국인을 대상으로 한 성별과 성격을 기준으로 수줍음의 집단 간 차이를 비교한 연구와 수줍음의 성별과 해석, 상황에 따른 수줍음의 정도 차이를 고찰한 연구, 수치심의 척도를 나타내는 요인으로 수줍음의 단어를 기초로 고찰한 연구가 있었다. 그리고 친밀감은 문화적 대인 거리와 거리감을 중심으로 고찰되었고, 문화적 관점의 국내 연구는 다문화가정 청소년을 대상으로 연구된 바 있다. 이를 근간으로 수줍음과 친밀감에 대한 문화적 고찰 역시 필요할 것이다.

이 연구에서는 한국·중국·일본인을 대상으로 수줍음에 대한 집단 간 차이를 비교하고, 각 집단 간의 수줍음과 친밀감의 대상과 상황에 따른 정도 차이를 고찰하는 수줍음과 친밀감의 문화적 비교 작업을 진행하고자 한다. 그 작업으로 이 연구는 한국·중국·일본인의 문화적 의사소통의 특징으로 나타나는 '수줍음'과 '친밀감'이 한국, 중국, 일본인들 간에 서로 다르게 나타날 것이라는 연구문제를 제기할 것이다. 이에 따라 다음과 같은 연구문제를 설정한다.

연구문제 1 ; 한·중·일 사람들 간에는 수줍음의 차이가 나타날 것이다.
연구문제 2 ; 한·중·일 사람들 간에는 친밀감의 차이가 나타날 것이다.

3. 연구 방법론

1) 설문지의 구성

연구의 목적을 위해 응답자에게 해당사항에 응답할 수 있는 형식의 설문지를 이용하였다. 설문지의 구성은 수줍음의 집단 간 차이를 연구한 이종희(1991)와 허묘연(1996)의 연구를 토대로 수줍음을 느끼는 대상과 상황, 정도 차이에 대한 측정 문항을 설계하였다. 이에 따라 수줍음과 친밀감을 느끼는 측정 항목은 가족이나 친한 친구를 만났을 때와 얼굴을 적당히 아는 사람을 만났을 때, 처음 만나 인사를 나누는 낯선 사람을 대상으로 했다. 그리고 동성과 함께 있는 상황과 이성을 처음 만난 상황과 나보다 나이가 많은 사람을 만났을 때와 나보다 나이가 적은 사람을 만났을 때, 인원 구성에서 한 사람과 함께 있을 때와 세 사람 정도와 함께 있을 때, 여러 사람과 함께 있을 때 느끼는 수줍음과 친밀감의 정도를 리커트 7점 척도를 사용하여 측정하였다.

2) 자료 수집

이 연구는 서로 다른 국가에 대한 사람들의 정서적 차이를 알아보기 위해 한국에 유학 온 외국인 대학생을 중심으로 일본인 18명, 중국인

25명과 H대학에 재학 중인 한국인 학생 26명의 응답자들로부터 설문을 받았다. 총 69부 중 불성실 응답을 한 일본인 학생의 3부를 제외하고, 총 66부가 연구에 사용되었다. SPSS 20를 사용하여 기술통계 분석을 실시하였다.

3) 변수의 조작적 정의

수줍음의 개념을 이종희(1991)는 정서적, 인지적 불안과 함께 소심함의 특성을 보이고 부적절한 행동을 나타냄으로서 사회적 상황에서 과민한 주의 집중으로 정의하고 있다. 허묘연(1996)은 수줍음을 사회적 상황에서 정서적, 행동적으로 불안 상태를 나타내고 이로 인해 억제되고 회피적인 사회적 교류 행동을 나타내는 것으로 보았다.

이에 따라 이 연구는 수줍음이 어떤 정서가 표현되어야 하고 어떤 정서가 감추어져야 하며 어떤 상황에서 그러한지에 대한 어떤 종류의 정서 표현을 언제, 누구에게 하는 것이 적절한지에 대한 방침인 문화적 표현 규칙(James 외, 2007)으로 나타나며, 정서의 문화적 표현 규칙에 따라 수줍음을 문화적으로 학습되고 표현되는 정서적 표현으로 정의한다.

앞서 언급한 바와 같이 Hall(1984)은 친밀감이 문화적 대인 거리로 표현될 수 있다고 보았다. 그래서 친밀한 거리의 가까운 거리에서 친밀감이 가장 높게 나타나고, 공공적 거리의 먼 거리에서 친밀감이 가장 낮게 나타나는 것으로 보았다. 유난영(2008)의 경우 사회적 거리감, 신체적 거리감, 감정적 거리감의 주요 변인을 '친밀감'으로 보았다. 김건숙·최은미·이호준(2014)은 그들의 연구에서 친밀감의 개념을 다음과 같이 정리하고 있다. 먼저 Sternberg(1986)는 친밀감은 가깝고 편하게 느낌, 서로를 잘 이해함, 함께 공유함, 원활한 의사소통, 긍정적인 지지 등을 의미하고 있으며, Buhrmester & Furman(1987)는 다른 사람에게 자기 생각과 감정을 개방할 수 있는 것이 친밀감이라고 하였다. 또한 Sullivan(1953)은 친밀감이란 진심, 신뢰, 감정적 지지 등을 포함한 것으로, 단순한 개인 간의 자기개방이 아니라 상호 간의 배려와 민감성 그리고 상호간의 교류와 자기개발에 근거한다. 청소년기의 친밀감은 어린 아이들이 부모에게 느끼는 애정적 형태의 친밀감과는 다른 평등한 관계에서 기인한다.

이 연구에서 친밀감 역시 수줍음의 경우와 같이 어떤 정서가 표현되어야 하고 어떤 정서가 감추어져야 하며 어떤 상황에서 그러한지에 대한 정서의 문화적 표현 규칙으로 나타나는 문화적 정서로 보고 한국, 중국, 일본인들 간에 친밀감의 정도가 다르게 표현된다고 가정할 것이다. 이에 따라 세 나라 간의 수줍음과 친밀감의 문화적 정서가 다르게 나타난다는 정서의 정도 차이를 리커드 7점 척도로 측정하였다.

4. 분석 결과

1) 한국·중국·일본인의 정서적 차이

(1) 수줍음과 친밀감에 대한 차이

한국·중국·일본의 정서적 차이를 알아보기 위해 기술통계에 따른 평균을 중심으로 각 집단의 평균을 살펴보았다. 먼저 수줍음에 관한 한국·중국·일본의 평균차이를 보면 <그림 1>과 같다. 한국, 중국, 일본인 학습자의 문화적 정서와 관련된 수줍음은 분석 결과 중국 M=3.50, 일본 M=3.37, 한국 M=3.24로 나타났다. 중국이 수줍음이 가장 높고, 이어서 일본, 한국의 순서로 나타났다. (중국 > 한국 > 일본)

〈그림 1〉 한·중·일 대학생들의 수줍음의 평균 차이

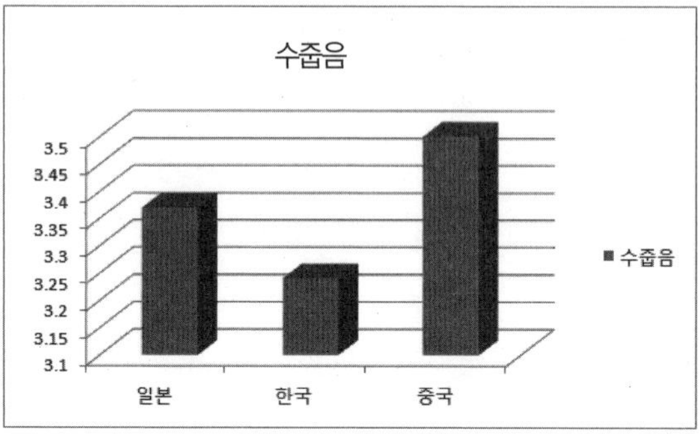

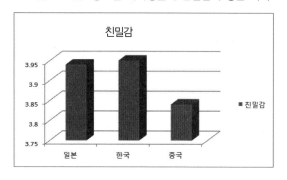

수줍음

〈그림 2〉 한·중·일 대학생들의 친밀감의 평균 차이

친밀감

<그림 2>에 나타난 바와 같이 친밀감의 분석결과는 중국 M=3.84, 한국 M=3.95, 일본 M=3.94로 나타났다. 한국이 친밀감이 가장 높았고, 일본이 근소한 차이를 보이고 있으며, 중국이 친밀감이 가장 낮게 표현되었다.(한국 > 일본 > 중국)

중국은 수줍음이 가장 높게 나타났으나 상대적으로 친밀감의 표현은 세 국가 중 가장 낮게 나타났다.(수줍음 > 친밀감) 일본은 수줍음이 중국보다 낮게 나타났지만 친밀감은 높은 것으로 나타났다.(수줍음 < 친밀감) 한국은 수줍음은 가장 낮지만 친밀감은 가장 높게 나타나고 있다.(친밀감 >

수줍음) 따라서 연구문제1인 "한국, 중국, 일본인들 간에는 수줍음의 차이가 나타날 것이다"와 연구문제2인 "한국, 중국, 일본인들 간에는 친밀감의 차이가 나타날 것이다"는 모두 지지되는 것을 알 수 있다. 이것은 중국·일본·한국 세 나라 모두 집단주의의 특성을 함께 가지고는 있으나 이들의 집단주의적 특성은 국가별로 수줍음과 친밀감에 대한 정서가 상황적 요인 및 개인의 성향에 크게 영향을 받는 것으로 이해할 수 있다.

2) 수줍음과 친밀감의 측정항목에 대한 평균차이

위의 수줍음과 친밀감에 대한 표현이 국가별로 차이가 있다는 연구문제를 좀 더 자세하게 살펴보기 위해 수줍음과 친밀감에 대한 구체적인 측정항목을 살펴보았다.

〈그림 3〉 한·중·일 대학생들의 수줍음의 측정항목별 평균 차이

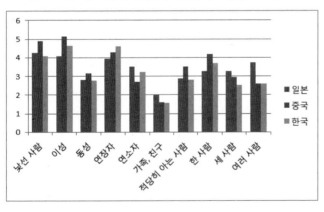

먼저 수줍음에 대한 측정항목을 바탕으로 측정한 구체적인 정서 차이는 〈그림 3〉과 같다. 수줍음의 정도 차이로 나타난 한국, 중국, 일본인들의 특징을 살펴보면 낯선 사람, 이성, 그리고 연장자를 대할 때 수줍음을

많이 느끼는 것으로 나타났다. 중국인들은 낯선 사람이나 이성을 만날 때, 수줍음을 가장 많이 느낀다는 반면 여러 사람이 있을 때는 세 나라 중 수줍음을 가장 덜 느끼는 것으로 나타났다. 이에 비해 일본인들은 오히려 여러 사람과 함께 있을 때 수줍음이 높은 것으로 나타났다. 일본인의 의식구조와 행동양식 중 집단성과 관련하여 최관(2007)은 일본에서 집단을 구성하는 기준은 한국이나 중국에서 중시하는 혈연, 학력, 계급 등의 자격보다는 폐쇄된 지역에서의 생활의 장을 공유함으로써 형성되었다고 한 바 있다. 이에 따라 일본에서 오늘날 이지메(집단 괴롭힘)의 원형인 무라하치부(村八分)는 개인의 자기중심적인 행동을 용납하지 않고 집단 속의 균일하고 성실한 일원이 되도록 하는 일본적인 제재 수단이 되었다. 이러한 무라하치부(村八分)와 관련하여 일본인이 여러 사람 앞에서 수줍음이 현저하게 높은 원인을 생각해 볼 수 있을 것이다.

또한 <그림 3>에서 일본인들은 연소자하고 여러 사람과 있을 때 수줍음이 높게 나타나는 특징을 보이고 있다. 한국인들 또한 중국인과 일본인들보다 수줍음이 낮게 나타나고 있으나 연장자하고 연소자가 높게 나타나 연령이 중요한 요인으로 작용한다는 것을 알 수 있다. 이는 June Ock Yum(2000)의 연구에서 밝히고 있는 것처럼, 한국의 높임법이 위계적 유교 사회를 잘 나타낸다고 할 수 있다. 예를 들면 '먹다'와 '드신다', '잡수신다'와 같은 동사와 밥, 식사, 진지와 같이 연령에 따라 다른 높임의 언어를 보이고 있다. 일본의 경우는 모호하고 간접적인 태도의 신중한 의사소통을 구사한다.

결과적으로 수줍음은 한국, 중국, 일본인 모두 낯선 사람과 같은 외집단에게 많이 느끼고 있는 것이 세 나라의 공통점으로 나타났다. 이는 가족이나 친한 친구와 같은 내집단을 중시하고 외집단을 배제하는 문화에서 기인하는 것으로 보인다. 그리고 동성과 이성의 경우 이성에 대한 수줍음이 높게 나타났는데 중국이 가장 높은 수치를 보였고 한국, 일본의 순서로 나타났다. 한국, 중국, 일본인 모두 연장자에게 수줍음을 많이 느끼고 있고, 일본과 한국은 연소자에게도 다소 수줍음의 정도가 나타나고 있다. 또한 인원 구성에서 일본인의 경우 여러 사람 앞에서 수줍음이 상당히 높았다. 일본인의 경우 집단에서 느끼는 수줍음이 가장 높은 것으로 보인다.

〈그림 4〉 한·중·일 대학생들의 친밀감의 측정항목별 평균 차이

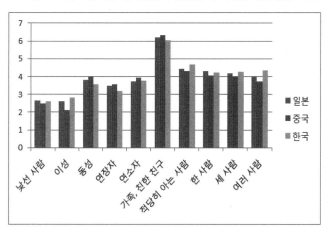

<그림 4>는 한국, 중국, 일본인의 친밀감에 대한 측정항목별 평균값을 나타낸 것이다. 친밀감에 대한 측정항목을 항목별로 살펴보면 한국, 중국, 일본 세 나라 모두 가족과 친한 친구에게 느끼는 친밀감이 압도적으로 높은 수치를 보였다. 그 다음으로 적당히 아는 사람과 동성에 대한 친밀감이 높게 나타났다. 반면 낯선 사람과 이성에 대한 친밀감은 낮게 나타나고 있다.

국가별로 살펴보면 한국인의 경우 전체적으로 친밀감이 높았으며, 특

히 여러 사람과 함께 있을 때 친밀감이 세 나라 중에서 가장 높게 나타났다. 이에 비해 연장자에 대한 친밀감은 낮게 나타났다. 중국인의 경우는 동성에 대한 친밀감이 높고 이성에 대한 친밀감이 가장 낮게 나타났다. 일본인은 전체적으로 친밀감이 균등하며 이성과 낯선 사람에 대한 친밀감이 높았다.

이에 따라 친밀감은 세 나라 모두 가족이나 친한 친구와 같은 내집단에서 압도적으로 높은 수치를 보이고 있고, 이에 비해서 낯선 사람과 같은 외집단은 친밀감이 가장 낮았다. 친밀감은 내집단과 외집단의 차이가 가장 큰 것으로 보인다. 그 다음으로 세 나라 모두 동성과 함께 있을 때도 친밀감이 높게 나타났다. 중국의 경우 이성과 함께 있을 때 친밀감이 가장 낮은 수치를 보이고 있다. 그리고 연장자보다는 연소자의 친밀감이 세 나라 모두 높게 나타났다. 한국의 경우 연장자에 대한 친밀감이 중국과 일본에 비해서 낮았다. 마지막으로 한 사람, 세 사람, 여러 사람 중에서 한 사람과 같이 있을 때 친밀감이 높게 나타났으며, 한국의 경우는 여러 사람과 있을 때 친밀감이 높게 나타나고 있다.

이러한 <그림 3>과 <그림 4>의 결과를 바탕으로 수줍음이 높으면 친밀감은 낮게 표현되고, 반대로 수줍음이 낮으면 친밀감은 높게 표현되는 것을 알 수 있었다. 내집단과 외집단의 관계를 보면 가족이나 친구와 같은 내집단에게 수줍음이 낮게 나타나지만 친밀감은 높게 나타난다. 이에 비해 낯선 사람과 같은 외집단에게는 수줍음이 높게 나타나지만 친밀감은 낮았다. 그리고 이성을 만났을 때는 수줍음이 높고 친밀감은 낮게 나타나는데, 동성을 만났을 때는 수줍음이 낮고 친밀감이 높은 편이다. 또한 연장자를 만났을 때가 연소자를 만났을 때보다 수줍음이 높은 편이지만 친밀감은 크게 차이가 없는 것으로 나타났다. 인원 구성의 측면에서 일본인의 경우 특징적으로 여러 사람 앞에서 수줍음을 높게 나타내고 있지만 친밀감은 인원에 관계없이 비슷하게 나타나고 있다.

수줍음과 친밀감이 가장 큰 차이를 보이는 측정항목은 낯선 사람을 만났을 때와 가족이나 친한 친구를 만났을 때이다. 낯선 사람은 외집단에 해당되고 가족이나 친한 친구는 내집단에 해당되는데 수줍음과 친밀감은 외집단과 내집단의 경우에 가장 큰 차이를 보임을 알 수 있다. 내집단과 외집단 항목을 구분하여 비교하면 <그림 5>와 같다.

〈그림 5〉 외집단과 내집단 측정항목별 수줍음과 친밀감의 평균 차이

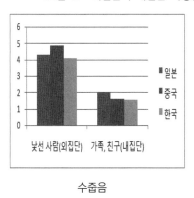
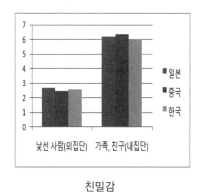

수줍음   친밀감

5. 결론 및 시사점

최근 한류의 영향은 한국어를 배우고자 하는 외국인들을 증가시킴과 동시에 한국어교육을 통해 한국의 문화를 알리는 것 또한 매우 중요한 요소가 되었다. 그럼에도 불구하고 한국어교육을 위한 문화콘텐츠 개발은 미비한 실정이다. 이 연구는 국가 간 소비자들의 정서 차이에 대한 연구를 통해 한국어교육을 받고자 하는 외국인의 문화적 의사소통을 위한 문화콘텐츠 개발을 목적으로 한국·중국·일본 대학생들 간의 정서적 차

이를 수줍음과 친밀감을 중심으로 살펴보았다.

연구 결과 한국, 중국, 일본인의 수줍음과 친밀감의 정도가 차이가 있음을 볼 수 있었다. 세 집단 중 수줍음이 가장 높은 집단은 중국이며 일본, 한국의 순서로 나타났다.(중국 M=3.50 > 일본 M=3.37 > 한국 M=3.24) 친밀감의 경우는 한국이 가장 높았으며 다음으로 일본, 중국의 순서이다.(한국 M=3.95 > 일본 M=3.94 > 중국 M=3.84) 수줍음이 가장 높게 나타난 중국의 경우 이성과 처음 만났을 때 수줍음이 가장 높은 평균값을 보였으며 (M=5.15) 친밀감의 경우 한국, 중국, 일본 모두 가족이나 친한 친구와 같은 내집단에서 높게 나타났다.(중국 M=6.35, 일본 M=6.21, 한국 M=6.04) 그리고 한국의 경우 여러 사람과 함께 있을 때 친밀감이 높은 것을 알 수 있다. 반면 이성에 대한 수줍음이 가장 높았던 중국의 경우는 이성을 처음 만날 때 친밀감이 가장 낮게 나타났다. 또한 수줍음과 친밀감은 낯선 사람이라는 외집단을 접했을 때와 가족이나 친한 친구와 같은 내집단을 접했을 때 가장 큰 차이를 보이고 있음을 알 수 있다.

이 연구는 다음과 같은 한계점을 들 수 있다. 우선 설문 대상자들의 측정 항목에 대한 이해도가 다르다는 점과 이에 따라 한국어교육을 받고 있는 학생들의 한국어 수준의 차이가 있다는 사실을 인식하지 못한 채로 설문을 실시했기 때문에 연구의 내용을 충분히 설명하지 못할 수 있다. 이러한 문제점들을 해결하기 위해서는 언어능력별 학습 수준을 고려하여 설문을 실시해야 한다. 더불어 단순히 집단별 기술통계에 의존하여 집단 간 평균만을 제시하고 있기 때문에 집단 간 차이에 의한 유의성 검증이 제대로 이루어지지 않았다는 점에서 연구의 신뢰성이 확보되기 어렵다. 그렇기 때문에 향후 연구에서 집단 간 정서적 차이에 대한 문화적 특징을 찾아내기 위해서는 정교한 실험계획이 필요하다.

그럼에도 불구하고 이 연구가 주는 시사점은 매우 중요하다. 먼저 인문학과 경영학의 학제 간 연구라는 점이다. 문화를 전달하고 문화 간 의사소통 채널의 중요성을 인식하고 있었음에도 불구하고 그동안 콘텐츠개발을 위한 정서 차이에 대한 연구가 소홀했다. 이 연구는 현재의 상황에서 서로 공통된 주제를 찾아 문화콘텐츠 개발에 참여할 수 있다는 가능성을 제시한 것에서 의의를 찾을 수 있다.

(문화산업학회 15권 1호)

참고문헌

1. 단행본

임홍빈, 『수치심과 죄책감-감정론의 한 시도』, 바다출판사, 2013.

정명화 외, 『정서와 교육』, 학지사, 2005.

최관, 『우리가 모르는 일본인-최관 교수의 일본문화론』, 고려대학교출판부, 2007.

에드워드 T. 홀, 김지명 옮김, 『숨겨진 차원』, 정음사, 1984.

제롬 케이건, 노승영 옮김, 『정서란 무엇인가?』, 아카넷, 2009.

Geert Hofstede 저, 차재호·나은영 역, 『세계의 문화와 조직』, 학지사, 1995.

James W. Kalat, Michelle N. Shiota 지음, 민경환, 이옥경, 김지현, 김민희, 김수안 옮김, 『정서심리학』, 시그마프레스, 2007.

Robert Plutchik 저, 박권생 역, 『정서심리학』, 학지사, 2004.

Shinobu Kitayama and Hazel rose Markus, *Emotion and Culture*, American Psychological Association, 1994.

2. 논문

김건숙·최은미·이호준, 「농촌지역 다문화가정 청소년의 또래관계 친밀감 경험에 관한 질적 분석」, 『아시아교육연구』 15권 2호, 2014, 51-81면.

남기숙·조선미·이훈진, 「한국어 단어를 기초로 한 수치심 척도의 개발 및 타당화 연구」, 『한국심리학회지』 25권 4호. 2-6면, 1063-1085면.

유난영, 「다문화가정 청소년에 대한 사회적 거리감 연구」, 상명대학교 사회복지학과 석사학위논문, 2008.

이종희, 「수줍음에 관한 비교 연구」, 이화여대 교육심리학과 석사학위논문, 1991.

허묘연, 「수줍음의 해석과 그에 따른 적응에 관한 일 연구」, 『한국여성심리연구회지』 1권 1호, 1996, 109-117면.

June Ock Yum, "The impact of confucianism on interpersonal relationship and communication patterns in East Asia", *Intercultural Communication*, Wadsworth Publishing Company, 2000.

베트남 결혼이주여성을 위한
한·베 설화에 나타난 가족문화 교육 방안

1. 서론

문화는 서사(narrative)로 표현될 수 있다. 서사 즉 내러티브는 크게 개인의 생애를 이야기하는 자신의 내러티브와 집단의 내러티브로 나타난다. 개인적 삶과 집단의 이야기는 자신들의 경험이나 삶을 구체화하는 핵심적인 수단이 된다. 집단 내러티브는 집단에서 알려주는 의미를 소통하고 창조하는 문화적 코드를 내재하며 집단의 목적과 개별 구성원들의 역할을 해석하고 의미를 부여하게 하는 기능과 규범, 가치관에 대한 정보를 준다.[1] 신화와 설화, 전설, 민담 등은 국가 단위의 집단 서사의 축척물이며 민족의 문화적 함의를 지닌 이야기 형태로 나타난다.

Banks에 따르면 한 집단에서 구성된 지식은 그 집단의 전설, 신화, 영웅담에 녹아있으며 집단의 가치와 신념을 반영한다고 한다.[2] 국제결혼으로 한국에 이주한 결혼이주여성은 자신의 나라에서 교육을 통해 지식을 습득해 왔으며 자기 나라에서 전해 온 신화와 전설, 민담, 영웅담 등의 이

---

1) Donald E. Polkinghorne, 강현석 외, 『내러티브, 인문과학을 만나다』, 학지사, 2009, 250-254면.
2) Banks, James A., 모경환 외, 『다문화교육 입문』, 2008, 아카데미프레스.

야기로 문화적 정체성과 공동체의 가치를 습득해 왔다. 그렇기 때문에 한 국에 이주한 결혼이주여성이 한국에 쉽게 정착하기 위해서는 한국인의 가치관과 정서, 문화가 반영된 지식 구성의 학습이 필요하다.

이 글에서는 다양한 이주민의 형태 중 국제결혼으로 한국 사회의 구성 원을 이루게 된 결혼이주여성을 대상으로 문화 적응을 위한 방안을 모색 할 것이다. 결혼이주여성의 문화 적응과 관련한 정책과 연구는 결혼이주 여성들을 한국 사회의 구성원으로 동화시키는 동화주의 관점으로 나타난 다. 이와 관련하여 이명현은 이물교혼담 설화를 통해 다문화가정의 부부 관계를 여성주의 관점으로 해석한 바 있다.3) 또한 장미영은 현재 결혼이 주여성의 교육프로그램이 한국 사회의 동화주의를 위한 단기성 프로그램 으로 진행되고 있음을 지적하고 문화 변용의 단계별 문화 교육의 필요성 을 강조하였다. 여기서 문화 변용의 단계는 여행자 단계, 생존자 단계, 이 민자 단계, 시민 단계로 나눌 수 있는데 생존자 단계에서는 한국과 고국 의 생활 문화를 비교하고, 이민자 단계에 와서 한국의 정신문화를 고국의 문화와 비교해 인식하는 것이 필요하다고 보았다.4)

이러한 연구들을 바탕으로 다문화가정이라는 특수성을 고려해 이 글에 서는 이민자 단계에서 진행될 수 있는 결혼이민자 문화와 한국 문화의 상호 문화적 소통을 문화 상대주의 입장에서 모색할 것이다. 이에 대한 접근 방법인 비교문화의 방법은 각 문화에 나타나는 보편적 특징과 개별 적 특징의 문화적 비교를 가능하게 한다. 비교 문화의 방법에 따라 결혼 이주여성에게 설화 텍스트에 나타난 가족공동체 문화와 관련된 가치 문 화를 담고 있는 한국의 이야기를 교육하는 것은 결혼이주여성이 한국의

---

3) 이명현, 「다문화시대 이물교혼담의 해석과 스토리텔링의 방향」, ≪우리文學硏究≫ 제33 집, 2007.
4) 장미영, 「여성결혼이민자의 자기정체성 형성을 위한 한국문화교육 방안」, ≪韓國言語文 學≫ 제64집, 2008.

이야기를 이해하는 것으로 그치는 것이 아니라 자기 나라 이야기와 비교함으로써 문화적 수용력을 높이는 작업이 될 것이다. 또한 원진숙은 결혼이주여성을 대상으로 자신의 삶을 주제로 하는 자기 표현적 글쓰기가 결혼이주여성의 정서와 자아 정체성 형성에 도움을 준다5)고 고찰한 바 있다. 이와 같이 설화를 통한 비교 문화 학습은 궁극적으로 설화라는 집단의 스토리를 자신의 스토리와 결부시켜 자기 경험을 통한 내러티브 표현을 형성하는데 방향성을 제시할 수 있을 것이다.

현재 중국에 이어 두 번째로 많은 수의 베트남 결혼이주여성이 한국에 있으며 상당수의 베트남 이주노동자가 한국에서 일하고 있다. 이에 따라 베트남 관련 다문화 가정 자녀들의 비중도 높아지고 있다. 그렇기 때문에 베트남에 관한 문화적 이해 역시 활발하게 진행되어야 할 것이다. 이 글에서는 베트남에서 이주한 결혼이주여성을 대상으로 가족과 관련된 공통 설화를 비교한 후에 이야기에 내재된 가족 문화를 분석하고 이를 교육하는 방안을 모색할 것이다.

2. 한국·베트남 가족보편형 설화 비교

가족은 기본적인 집단 공동체이며 가족을 소재로 하는 이야기는 세계에 공통적으로 존재한다. 보편성과 개별성이라는 문화의 양면적 특성을 고려할 때 보편성은 전 세계에 공통 유형으로 분포된 민담모티프로 추출되며, 개별성은 각 문화권의 특성에 따라 다양한 양상으로 나타난다. 프로프의 민담 유형6)에 따라 대표적인 이야기를 분류했을 때 신데렐라 유

---

5) 원진숙, 「삶을 주제로 한 자기 표현적 쓰기 경험이 이주 여성의 자아 정체성 형성에 미치는 영향에 관한 한국어 쓰기 교육 사례 연구」, 《작문연구》 제11집, 2010.
6) 블라디미르 프로프, 여건주 옮김, 『민담 형태론』, 지식을만드는지식, 2009 참고.

형과 선녀와 나무꾼 유형은 전 세계적으로 분포된 설화로 특히 아시아 지역에 공통적인 이야기로 나타난다. 이러한 공통 모티프는 가족과 관련된 보편형 설화의 특징으로 볼 수 있다.

베트남의 설화는 응우엔 동찌가 5권으로 엮은 설화집 『Kho tang Truyen co tich Viet Nam』이 가장 방대한 자료로 알려져 있다. 전혜경은 이러한 베트남의 설화들을 국가관, 사회윤리관, 가정관과 관련한 설화로 분류하고 한국의 설화와 대응시킨 바 있다.[7]

한국의 방대한 설화 자료는 한국정신문화연구원에서 펴낸 『구비문학대계』가 있는데 각 설화들은 지역과 전승과정에 따라 다양한 이본들이 존재한다. 이 글은 한국의 여러 이본 중 베트남의 이야기 구조와 가장 비슷한 가족과 관련된 보편형 설화를 선정해 비교 분석한 후 작품에 나타난 문화적 함의를 추출할 것이다.

2.1. 가족관과 갈등의 양상: <콩쥐 팥쥐>와 <떰 깜>

신데렐라형 이야기는 세계 모든 나라에 공통적으로 존재하는 이야기이다. 한국의 경우 <콩쥐 팥쥐>, 베트남은 <떰 깜> 이야기로 나타난다. 이야기는 모두 새어머니와 그의 딸이 전처의 자식을 구박하는 스토리로 전개된다. 재혼으로 새롭게 구성원 가족 구성원들이 서로 다른 이해관계와 편애, 경쟁 속에서 갈등이 증폭되며 결과적으로 파국의 결말을 맞게 된다. 이야기 모두는 권선징악적 주제로 귀결되지만 문화권에 따라 다른 전개 양상을 보여주고 있다. <콩쥐 팥쥐>의 경우 "콩 심은데 콩나고 팥 심은데 팥 난다"는 속담이 있는 것처럼 두 자매는 한국의 대표적인 곡식인 '콩'과 '팥'의 이름을 따서 붙여졌고 이렇게 이름 붙여진 까닭이 이야기

---

7) 전혜경, 「한국, 베트남 설화에 나타난 여성상 및 기층의식 비교-한국의 <콩쥐 팥쥐>와 베트남의 <떰 깜> 비교를 중심으로」, ≪베트남연구≫ 제9호, 2009.

처음에 소개된다. 이와 비교했을 때, 베트남의 <떰 깜>에서 '떰'은 '깨진 쌀알', '깜'은 '겨'를 의미한다.

<콩쥐 팥쥐>와 <떰 깜>은 가족과 혼인과 관련된 이야기를 하고 있지만 여러 가지 측면에서 특징적인 모습을 보이고 있다. 두 이야기의 특징적인 점은 첫째, <콩쥐 팥쥐>와 <떰 깜>에 나타난 가족구성원의 갈등구조가 다르게 나타남을 지적할 수 있다. <콩쥐 팥쥐>에서는 도저히 해낼 수 없는 과제들을 시키는 계모의 구박으로 수난을 당하는 콩쥐를 통해 계모와 전처자식 간의 갈등이 부각되어 있다. 계모형 설화를 대표하는 <콩쥐 팥쥐>는 계모와 전처자식의 갈등을 극대화하고 있는 것이다. 이에 비해 <떰 깜>은 떰과 깜의 경쟁 구도의 양상으로 갈등이 전개되고 혼인에서도 배우자를 차지하기 위한 갈등 양상이 나타나고 있다.

둘째, 수난에 대한 조력자의 상이함이다. <콩쥐 팥쥐>에서 콩쥐의 조력자는 콩쥐의 생모가 환생해서 하늘에서 내려온 검은 황소를 비롯해 두꺼비, 구렁이, 새떼와 같이 농촌생활에서 찾아볼 수 있는 인간과 가까운 동물들이다. 이에 비해 <떰 깜>에서 떰의 조력자는 부처님과 같은 초인적인 존재이다.

셋째, <콩쥐 팥쥐>와 <떰 깜>의 가족관에 대한 인식의 상이함을 들수 있다. <콩쥐 팥쥐>에는 콩쥐가 계모의 구박을 극복하고 좋은 배필을 만난다는 내용으로 가족 중심의 사고가 있음을 알 수 있다. 궁극적으로 <콩쥐 팥쥐>는 화합하지 못하는 가족을 경계하는 내용을 담고 있다. 이에 비해서 <떰 깜>은 부부의 화합에 초점이 맞춰져 있다. <떰 깜>에서 떰은 연이은 수난에도 계속 환생하면서 남편의 주변에 맴돌고 베트남에서 부부의 화합과 가족의 소통을 상징하는 찌우나무와 까우 잎이 이야기에 상징적으로 등장한다.

넷째, 노파의 등장이다. <콩쥐 팥쥐>와 <떰 깜> 모두 이웃집 노파와

거지 노파의 도움으로 남편과 극적인 상봉을 하게 된다. 이러한 노파의 등장은 중매인 매파 혹은 중개인의 역할을 하는 인물로 한국과 베트남 모두에 있는 중매 문화의 일면을 볼 수 있게 한다.

다섯째, 환생 모티프이다. <콩쥐 팥쥐>에서 콩쥐가 죽은 후 연꽃과 붉은 구슬로 환생한다는 이야기는 불교적 상상력에서 기인한다고 할 수 있다. <떰 깜>의 경우 죽은 떰이 새, 죽순, 티나무, 파리 등으로 환생을 거듭함으로 베트남 사람들의 윤회사상을 알 수 있게 한다.[8]

잔혹한 결말에 대한 인식 정도에 대해 <콩쥐 팥쥐>의 경우 여러 가지 이본이 있고 결혼 이후 콩쥐의 수난과 잔혹한 부분은 삭제되어 알려져 있는데 반해 <떰 깜>은 잔혹한 결말이 대부분의 베트남 사람들에게 전해지고 있다.[9]

	한국 <콩쥐 팥쥐>	베트남 <떰 깜>
갈등 구조	계모와 전처 자식의 갈등	전처 자식과 후처 자식의 경쟁
조력자	생모환생 검은 황소, 두꺼비, 구렁이, 새떼	부처님
가족관	가족 화합 강조	부부 화합과 가족의 소통 강조 (까우나무, 쩌우잎)
노파 등장	부부 만남 중개인 역할	부부 만남 중개인 역할
환생모티프	연꽃, 붉은 구슬 (불교적 상상력 결합)	호아잉호아잉 새, 죽순, 티나무 열매, 파리 (윤회사상)

8) 전개된 논의는 다음 논문의 관점을 따랐다. 전혜경, 「한국, 베트남 설화에 나타난 여성상 및 기층의식 비교 – 한국의 <콩쥐 팥쥐>와 베트남의 <떰 깜> 비교를 중심으로」, ≪베트남연구≫ 제9호, 2009. 5. 그리고 위 논문에서 논의되지 않은 베트남에서의 '부부 화합'을 상징하는 대표적인 문화 상징인 까우나무와 쩌우잎 모티프와 관련한 해석을 추가하였다.

9) 이러한 사실은 <콩쥐 팥쥐>의 잔혹한 결말과 <떰 깜>의 잔혹한 결말에 대해 사람들이 얼마나 알고 있는지를 조사하면 한국 사람이 <콩쥐 팥쥐>의 잔혹한 결말을 알고 있는 것 보다 베트남 사람들이 <떰 깜>의 잔혹한 결말을 훨씬 잘 알고 있을 것으로 예상할 수 있다.

2.2. 결혼관과 유래담 : <선녀와 나무꾼>과 <나무꾼과 선녀>

<선녀와 나무꾼>형 설화는 아시아에 널리 퍼져 있는 보편 유형의 이야기이다. 특히 이 설화는 금기, 당위와 관련된 유래담을 지닌 전설의 유형으로 나타난다. 한국의 이야기는 수탉의 유래에 대한 이야기이다. 베트남의 <선녀와 나무꾼> 이야기는 전반부에는 한국의 <선녀와 나무꾼>과 유사하지만 후반부는 한국의 <견우와 직녀> 설화에 해당하는 이야기와 결합해 칠월칠석날의 유래를 나타내고 있다.

한국의 <선녀와 나무꾼> 설화를 살펴보면 선량한 나무꾼이 사슴을 살려준 선행으로 은혜를 갚기 위해 사슴이 나무꾼의 결혼을 돕는 이야기 구조로 나타나고 있다. 그래서 이야기의 흐름을 이끄는 요인이 나무꾼의 의지보다는 사슴의 계획에 나무꾼이 이끌리고 있는 모습으로 나타난다. 선녀의 경우 나무꾼과 어쩔 수 없이 결혼을 했지만 날개옷을 얻게 되자 아이 둘을 데리고 미련 없이 하늘로 올라간다.

이에 비해 베트남의 <나무꾼과 선녀>에서 나무꾼은 결혼을 위해 날개옷을 감추고 선녀를 찾아다니며 하늘로 올라가는 등 이야기를 주체적으로 이끄는 주요 인물로 등장한다. 선녀의 경우 나무꾼과 어쩔 수 없이 결혼을 하는 모습은 한국의 이야기와 유사하지만 날개옷을 얻게 되자 아들을 지상에 남겨 두고 하늘로 올라가는 모습을 보인다.

한국과 베트남의 <선녀와 나무꾼>형 이야기는 두 이야기 모두 천상의 여인과 땅의 남자가 결합하는 과정과 주요 사건의 모티프 그리고 금기와 유래담이 있는 전설이라는 공통점을 갖고 있다. 여러 공통점에도 불구하고 두 이야기가 세부적인 차이를 보이고 있는데 차이점은 다음과 같다. 첫째, 나무꾼과 선녀의 결혼 계기가 같지만 한국과 베트남 이야기에 등장하는 인물의 행동과 성격에는 차이가 있다. 한국의 경우 나무꾼은 사슴의 지시에 따라 행동하지만 베트남 이야기의 나무꾼은 스스로 결혼을 성취하는 모습을 보인다.

둘째, 두 이야기 모두 금기가 있지만 금기를 지켜야 하는 대상이 다르다. 한국의 경우 사슴이 말하는 금기를 나무꾼이 의무적으로 지켜야 하는데 비해 베트남은 나무꾼이 아내인 선녀에게 금기를 지켜야 한다는 당부로 나타난다. 한국의 나무꾼과 베트남의 선녀 모두 이 금기를 어겨 두 부부는 하늘과 땅이라는 공간으로 분리된다.

셋째, 두 이야기에는 조력자가 등장한다. 한국의 경우 사람과 친근한 산 속 동물인 사슴이 조력자가 된다. 농경생활을 하는 문화에서 사냥꾼보다 사슴이라는 동물이 더 우호적인 모습으로 나타난다. 베트남의 경우 선녀가 하늘에 오른 후 할머니 선녀가 나타나 두 부부의 재결합을 도와준다. 앞서 논의한 바와 같이 할머니 선녀 역시 두 남녀의 결합을 위한 중개 역할을 하는 것으로 보인다.

넷째, 두 이야기는 나무꾼이 두레박을 타고 하늘로 올라가 선녀와 재회하고 나무꾼이 다시 땅으로 내려가는 구조를 보인다. 그런데 한국의 이야기에는 하늘에서 다시 만난 선녀와 나무꾼이 행복하게 살다가 나무꾼이 어머니가 보고 싶어 땅으로 내려가는 구조로 나타난다. 한국의 효 사상이 결혼과 부부 생활에 중요한 영향을 미치고 있음을 보여주는 부분이다. 이에 비해 베트남의 이야기에는 하늘나라의 질서가 엄격하기 때문에 나무꾼과 아들은 하늘에서 선녀와 만나자마자 땅으로 내려가야 한다. 인간인 나무꾼 부자와 옥황상제의 딸인 선녀가 사는 공간에 대한 규율이 다르기 때문이다.

다섯째, 땅으로 내려가는 나무꾼의 하강 구조는 동일한데 그 결말이 다르게 나타난다. 한국의 경우 발이 땅에 닿아서는 안 되는 금기를 어겨 나무꾼이 하늘로 올라가지 못하고 수탉이 되었다는 전설로 귀결된다. 반면 베트남은 금기가 아니라 발이 땅에 닿으면 북을 쳐야 한다는 당위를 지키지 못해 부자가 바다로 추락하고 만다. 두 이야기에서 한국은 하지 말아야 하는 금기를 하게 되면서 비극이 시작되는 반면, 베트남은 적절한 시기에 해야 되는 것을 하지 않아서 추락했다가 구원을 받는 결말을 형성한다. 그리고 선녀가 두 부자에게 주는 북과 밥그릇은 그 시기와 용도가 일치하지 않아 땅으로 내려가는 일이 실패하게 되고 아들이 밥알을 북에 흘리고 먹었다는 점은 생활 습관에서 금기가 되는 일임을 짐작하게 한다.

여섯째, 두 이야기를 통해 새에 대한 각 나라의 믿음과 정서를 알 수 있게 한다. 한국의 나무꾼이 하늘로 올라가지 못하는 아쉬움을 품고 죽어서 수탉이 되어 하늘을 쳐다본다는 결말을 통해 한국에서 사람이 죽으면 새가 된다는 민간신앙을 알 수 있게 한다. 이에 비해 베트남의 이야기에 등장하는 새는 사람과 사람, 사람과 신을 연결하는 전달자 혹은 메신저 역할로 나타난다. 베트남에서도 까마귀는 부정적인 새로 인식되며 옥황상제에게 벌을 받아 응우 랑과 쯕 선녀가 만날 때마다 다리가 되는 일을 하게 된다.[10]

	한국 〈선녀와 나무꾼〉	베트남 〈나무꾼과 선녀〉
결혼 계기	목욕하는 선녀의 날개옷을 나무꾼이 숨김	목욕하는 선녀의 날개옷을 나무꾼이 숨김
인물의 행동	나무꾼: 비자발적 행동 선녀: 비자발적 결혼	나무꾼: 자발적 행동 선녀: 비자발적 결혼
금기	사슴이 나무꾼에게 "아이 셋을 낳을 때까지 날개옷을 주지 마라"	나무꾼이 아내에게 "볏짚을 담은 독을 절대 열지 마라"

---

10) 이 점은 한국의 〈견우와 직녀〉 이야기와도 대비가 된다. 〈견우와 직녀〉의 까마귀와 까치는 두 남녀를 불쌍히 여겨 스스로 둘을 만나게 하는 다리가 되는 것을 자처하는 조력자가 되는 동물로 나타난다. 이에 비해 베트남 〈나무꾼과 선녀〉의 까마귀는 옥황상제의 벌을 받아 다리가 되는 것으로 나타난다.

선녀 승천 과정	선녀가 아이 둘을 양팔에 끼고 함께 승천	선녀가 아들 옷에 빗을 달아주면서 두고 가는 아쉬움을 표현
조력자	사슴	할머니 선녀
나무꾼의 승천	하늘의 두레박을 타고 올라감	하늘의 두레박을 타고 아들과 함께 올라감
나무꾼의 하강	어머니가 보고 싶어 땅으로 하강 (효 사상)	하늘나라 규율이 엄격해 땅으로 내려가야만 함 (하늘의 규칙)
금기와 당위	발이 땅에 닿아서는 안 된다	발이 땅에 닿으면 북을 세 번 쳐야 함
결말	수탉의 유래	칠월 칠석의 유래

2.3. 세계관과 정서: <바보온달과 평강공주>와 <주동뜨>

한국의 <바보온달과 평강공주>와 베트남의 <주동뜨> 전설은 두 이야기가 모두 실제 왕이 나오는 이야기라는 점과 신분이 높은 공주와 가장 미천한 남자의 혼인 구조라는 공통점을 보이고 있다. 그러나 두 이야기의 혼인의 계기와 전개 과정, 결말은 큰 차이를 보이고 있어 사랑의 결합에 대한 한국과 베트남의 내세관과 정서를 엿볼 수 있는 자료가 된다.

베트남의 <주동뜨>는 한국의 이야기와 비슷한 구조와 결말을 보이고 있지만 두 사람의 만남과 결합이 상이하며 <바보온달과 평강공주>와 구별되는 다른 세계인식을 보이고 있다. 두 사람의 사랑이 완성되는 공간의 차이에 주목할 때 더욱 그러하다.

한국의 <바보온달과 평강공주>와 베트남 <주동뜨>에서 공주와 신분이 낮은 미천한 남성의 결합 양상을 살펴보면 <바보온달과 평강공주>는 홀어머니를 모시고 살며 바보라고 놀림을 받는 남성과 울보 공주의 결합으로 진행된다. <주동뜨>는 아름다운 공주와 너무 가난해 옷조차 입을 수 없는 남성의 결합이다. 주동뜨의 절박한 가난은 이야기를 원초적인 분위기로 만든다.

둘째, 두 이야기에서 서로 다른 신분의 남녀가 혼인을 하게 되는 계기가 다르다. <바보온달과 평강공주>는 어릴 적부터 "바보온달에게 시집보낸다"는 말을 듣고 자란 까닭에 공주 스스로 그 사실을 믿게 된 것에 있다. 이에 비해 <주동뜨>의 공주가 혼인을 결심하게 된 것은 여성으로서 정절 때문이다. 자신의 신분보다 정절에 가치 기준을 두고 있음을 알 수 있다.

셋째, 두 이야기에서 두 남녀가 처음 만나게 된 계기도 차이가 있다. <바보온달과 평강공주>에서 평강공주는 집을 나가 온달을 찾아가는 것에 비해서 <주동뜨>의 공주는 우연한 장소에서 목욕을 하다가 원초적인 모습으로 마주하게 된다.

넷째, 혼인 장애로 두 이야기 모두 왕이 크게 분노하는 모습을 보이고 있다. 그렇지만 <바보온달과 평강공주>에서는 공주가 짐을 챙겨 스스로 궁을 나오는 반면, <주동뜨>의 공주는 궁에서 쫓겨나는 모습을 보이고 있다.

다섯째, 이야기의 전개과정에서 <바보온달과 평강공주>의 평강공주는 자신의 남편을 장군으로 성공시키지만, <주동뜨>에서 두 사람은 이곳저곳을 떠돌아다니게 된다.

여섯째, 결말 부분은 두 이야기 모두 전설의 양상을 보이지만 두 이야기가 상반된 세계관을 보여준다. 즉 땅과 하늘이라는 두 사람이 결합되는 공간을 통해 두 나라의 정서의 차이가 나타나는 것이다. <바보온달과 평강공주>의 결말은 전쟁에서 화살을 맞고 전사한 온달의 관이 꿈쩍도 하지 않아 영구를 옮길 수 없게 되자 평강공주가 "죽고 사는 것은 이미 결판났사오니 마음 놓고 돌아갑시다"고 말한 후에야 관이 움직였다. 이 이야기에서 두 남녀의 결합은 현세에서 충실히 사는 것에 의미가 있으며,

관을 움직일 수 없었다는 설정은 현세를 떠날 수 없는 남성의 아쉬움과 미련의 상징체이다. 따라서 <바보온달과 평강공주>는 남녀의 결합에 대한 현세중심적인 사고가 반영되었고, 이러한 인식이 죽음을 비극적 정서로 느끼게 하는 요인이 된다.

이에 비해 <주동뜨>에서 두 사람의 결합은 다른 세상인 천상에서나 가능한 것이며 현실에선 불가능하다는 인식이 반영된다. 그래서 두 사람이 하늘로 올라간다는 결말은 구원이나 낭만적 정서로 받아들여지게 된다. 이러한 모든 것은 스님에게 받은 초월적인 도구의 영향으로 전개되며 천상에서 화려한 삶을 꿈꾸는 베트남 사람들의 내세관을 보게 한다.

결과적으로 <주동뜨> 이야기는 현세중심의 한국적인 정서로 볼 때 아주 슬픈 이야기로 인식될 수 있으나 내세중심적인 베트남인의 정서에서는 낭만적인 사랑 이야기로 전해오며 베트남 예술의 여러 장르에 응용되고 있다.[11] 현세관과 내세관에 따라 부부의 결합에 대한 정서가 다르게 나타나는 것이다.

	한국 <바보온달과 평강공주>	베트남 <주동뜨>
혼인 양상	공주와 바보라고 놀림을 받는 남성	공주와 가난해 옷조차 입을 수 없는 남성
혼인 계기	어릴 적부터 시집보낸다는 말	여성의 정절
만남	평강공주가 온달을 찾아감	우연한 원초적인 만남
혼인 장애	왕의 분노, 공주가 궁을 나옴	왕의 분노, 공주가 쫓겨남
전개 과정	평강공주는 온달을 장군으로 성공시킴	두 사람이 이곳저곳을 떠돌아다님
결말	전사한 온달의 관이 평강공주가 달래어서야 움직임	화려한 궁전과 함께 두 사람은 하늘로 올라감

---

11) 베트남에는 음력 3월 10-12일 주동뜨(Chu Dong Tu) 페스티벌이 열린다. 이 축제는 하노이에서 조금 떨어진 주동뜨 사원에서 열린다. 주동뜨 사원은 연인들이 찾아와 사랑을 비는 장소로도 유명하다.

3. 가족관과 결혼관, 세계관을 통한 가족문화 교육 방안

보편성을 지닌 설화 학습은 익숙한 이야기를 통해 다른 문화권의 학습
자에게도 친숙하게 접근할 수 있는 장점이 있다. 이러한 설화는 개별 집
단의 특수한 가치관을 내재하고 있다.

박영순은 문화를 크게 언어문화, 생활문화, 성취문화, 관념문화로 분류
한 바 있다.[12] Moran의 문화 빙산 이론에 따른다면 언어문화와 생활문화,
성취문화는 가시적으로 쉽게 확인할 수 있는 드러나는 문화에 해당된다.
이에 비해 관념문화는 문화를 보는 '관점'에 해당하며 실체를 알 수 없는
드러나지 않는 부분에 존재하지만 문화의 핵심축을 이루고 있다.[13] 문화
산물로 나타나는 설화는 문화의 핵심 부분에 존재하는 '관념문화'가 집단
의 내러티브로 표현된 것이다.

설화는 비문자적인 환경에서 구술 방법이라는 이야기 형식을 통해

---

12) 박영순, 『외국인을 위한 한국문화론』, 2006, 한림출판사.
13) Patrick R. Moran은 문화의 표현과 관련한 문화 이론에서 문화를 빙산으로 비유하였다.
　이와 같은 문화 빙산 이론에서 아래 <그림>와 같이 빙산의 윗부분을 차지하는 '공동
　체', '산물', '실행', '개인'과 관련된 영역은 문화에서 표면으로 드러나는 확실한 부분이라
　고 할 수 있다. 반면 빙산의 아래 부분을 차지하는 '관점' 영역은 문화에서 보이지 않고
　실체를 알 수 없는 드러나지 않는 부분이다.

문화를 언어문화와 생활문화, 관념문화, 성취문　　　　　　드러난 부분
화로 분류했을 때, 문화 빙산 이론에서 언어문
화, 생활문화, 성취 문화는 '공동체', '산물', '실
행', '개인'과 관련된 영역으로 드러난 부분의 문
화로 볼 수 있다. 드러난 부분은 가시적으로 쉽
게 확인할 수 있다. 그렇기 때문에 문화는 언어
문화와 생활문화, 성취 문화 중심으로 조명되어
왔다. 그러나 문화에서 드러나지 않는 부분 즉
'관점'의 부분은 문화의 중심축을 연결하는 핵심

적인 부분이지만 실체를 쉽게 파악할 수 없다. 드러나지 않는 부분에 위치하면서 문화
의 중심축인 핵심을 차지하는 부분이 바로 '관념문화'라 할 수 있다.
　Patrick R. Moran, 정동빈 외, 『문화교육』, 2004, 경문사.

결혼여성이주자에게 쉽게 접근할 수 있는 장점이 있으며 가족, 결혼, 세계와 관련된 가치관과 정서를 포함하는 관념문화 학습을 가능하게 한다.[14]

한국인과 결혼한 결혼이주여성의 경우 가장 먼저 충돌하는 문화가 한국의 가족주의 문화가 될 것이다. 가족과 친족은 결혼을 통해 형성되고 결혼이라는 상황은 한국의 가족주의 문화와 가장 먼저 접하는 상황이 된다. 그렇기 때문에 한국의 가족 중심 집단주의 문화에 대한 이해와 학습이 필요하다. 그 방법으로 한국과 베트남의 설화에 나타나는 이야기 구조를 비교했을 때 드러나는 양상은 다음과 같다.

한국 설화		베트남 설화	
<콩쥐 팥쥐>	가족 화합 강조	<떰 깜>	부부 화합 강조
<선녀와 나무꾼>	선녀와 나무꾼, 아이, 어머니 등 가족을 중심으로 서사가 진행됨	<나무꾼과 선녀>	부부 이야기에 초점

<콩쥐 팥쥐>는 계모와 전처의 딸의 갈등이라는 가족관계에 주목해 가족의 화합이라는 주제의식을 담고 있지만 베트남의 <떰 깜>은 쩌우나무와 까우잎의 상징에서 보이듯 부부 화합에 주안점을 두고 있다. 그리고 <선녀와 나무꾼> 설화에서도 한국의 이야기는 두 아이와 선녀, 그리고

---

14) Bascom은 민담의 네 가지 기능을 언급한 바 있다. 하나는 재미를 위한 것인데 스토리텔러의 환상과 창조적 상상력이 주요 원천이 된다. 두 번째로 민담은 관습과 제도의 근거가 되는 문화를 나타내는 역할을 한다. 세 번째 기능은 비문자적인 사회에서 교육적인 역할을 하는 교육 장치(pedagogic device)가 된다. 마지막으로 설화는 행동패턴으로 받아들여지는 사회적 일치를 유지하는 중요한 기능을 수행한다.
   William R. Bascom, *Four Functions of Folklor,* ≪*the Journal of American Folklore*≫ vol. 67, 1954.

어머니라는 가족 구성원을 중심으로 서사가 진행되지만 베트남의 이야기에는 부부 사이의 이야기에 더 초점을 두고 있다.

또한 베트남의 이야기에는 엄격한 신분 질서가 보인다. <주동뜨> 이야기와 베트남의 <나무꾼과 선녀>는 신분이 높은 여자와 미천한 남자의 결합이 어려움을 나타낸다. 베트남의 <나무꾼과 선녀>에서 나무꾼이 하늘의 질서 때문에 하늘에 몰래 들어가는 모습과 <주동뜨>에서 두 사람의 결합이 하늘에서나 가능하게 전개된 것이 그러하다. 이에 비해 한국에서는 신분 질서가 어느 정도 완화되어 나타나는데 <바보온달과 평강공주>의 온달은 장군이 되어 출세하기도 한다.

마지막으로 <주동뜨>와 <바보 온달과 평강공주>는 결말이 죽음으로 이어지지만 죽음을 어떻게 받아들여지느냐에 따라 이야기의 정서가 다르게 나타나고 있어 한국과 베트남 간에 흥미로운 정서 학습으로 이어질 수 있게 한다.

	한국 〈바보온달과 평강공주〉	베트남 〈주동뜨〉
남녀의 결합	현실에서 결합이 이루어진다	천상에서 가능하다
세계관	현세 중심 세계관	내세 지향 세계관
죽음에 대한 정서	죽음이 아쉬움과 슬픔의 정서로 이어짐 (전설의 장르)	사랑이 완성되는 낭만적 정서 (다양한 예술장르 활용)

이상과 같이 한국과 베트남의 이야기를 통해 추출한 한국의 가족 중심 집단주의 문화의 특성과 이에 비해 상대적으로 개인주의적 특성으로 나타나는 베트남의 가족문화를 고찰해 보았다. 그리고 세계 인식에 따라 이야기 수용에서 다르게 나타나는 정서를 고찰하였다. 앞서 논의한 이야기

들은 한국과 베트남의 가족관, 결혼관, 세계관을 알 수 있게 하는 학습 자료가 된다.

우선 <콩쥐 팥쥐>와 <떰 깜>은 한국과 베트남의 가족주의 문화와 가족 구성원의 역할을 일깨우는 이야기로 학습할 수 있다. 그리고 <선녀와 나무꾼> 설화는 결혼의 조건과 결혼 생활에서 중요한 것이 무엇인지와 관련한 한국과 베트남 사람들의 결혼관을 비교할 수 있다. <바보 온달과 평강공주>와 <주동뜨>는 한국인의 현세중심 사상과 베트남의 내세관이 어떻게 다른 정서를 형성하는지를 알 수 있게 한다. 한국만이 아니라 베트남의 이야기를 함께 학습하는 것은 베트남 결혼이주여성들이 이야기의 시작을 친숙하게 접근하게 할 수 있고[15] 두 나라의 문화 비교가 가능하기 때문이다. 또한 설화라는 이야기 형식은 구술적인 특징이 있어 한국어 중급, 고급의 학습자뿐만 아니라 이야기와 표현을 단순화시킴에 따라서 초급 학습자에게도 접근이 용이하다. 이러한 한국과 베트남의 설화를 활용해 결혼이주여성들에게 다음과 같은 과정으로 문화교육을 진행할 수 있다.

1. 이야기 비교 학습 단계 - 이야기 학습하기
- 학습목표: 한국과 베트남의 이야기를 학습하고 이야기의 구조를 비교할 수 있다. 이야기 구조에서 공통점만이 아니라 차이점도 발견하게 한다.
- 학습내용
1) 이야기의 장면과 관련된 그림을 보여주면서 한국의 이야기를 듣는다.

---

15) 설화를 통한 동기 유발 학습은 크라센이 제시한 모니터 가설 중 정의적 여과 장치 가설에 적용할 수 있다. 학습 초기 학습자의 문화에 친숙하게 접근하면 학습자가 스스로 학습에 대한 방어벽을 세우지 않도록 하는 기능을 한다.

2) 이야기를 읽고 이야기의 내용을 이해한다.

3) 한국과 비슷한 구조를 지닌 베트남의 이야기를 학습한다.

4) 학습자에게 한국과 베트남의 이야기 구조를 비교하게 한다.

① <콩쥐 팥쥐>와 <떰 깜>

	<콩쥐 팥쥐>	<떰 깜>
누가 갈등합니까?		
누가 도와줍니까?		
이야기는 가족의 어떤 점에 중심을 두고 있습니까?		
노파는 어떤 역할을 할까요?		
무엇으로 다시 태어납니까?		

② 한국·베트남 <선녀와 나무꾼>

	한국	베트남
어떻게 결혼하게 됩니까?		
누가 도와줍니까?		
이야기에서 '하지 말라'고 한 것이 무엇이었습니까?		
어떻게 하늘로 올라가게 됩니까? (선녀 / 나무꾼)		
나무꾼은 왜 땅으로 내려오게 되었습니까?		
결말이 어떻게 됩니까?		

③ <바보 온달과 평강공주>와 <주동뜨>

	한국	베트남
누구와 결혼합니까?	_____	_____
왜 결혼하게 되었습니까?	_____	_____
부모님이 허락했습니까?	_____	_____
결혼 생활은 어떠했습니까?	_____	_____
결말에 대한 느낌이 어떻습니까?	_____	_____

- 활동자료: ① 이야기의 전개에 따른 장면 그림과 이야기 구조 비교표를 활용한다. 그림 조각을 맞추어 이야기 퍼즐 활동을 할 수 있다. 또한 베트남의 이야기의 경우 학습자에게 그림을 그려서 이야기를 설명하게 할 수 있고 이야기 비교표를 통해 이야기 구조를 비교하는 활동을 함께 할 수 있다.

② 한국과 베트남 이야기와 관련된 짧은 동영상을 시청하고 작품 전체적인 인상과 느낌을 공유한 후 이야기의 구조를 비교하는 작업을 진행해도 좋다.

2. 적용 단계 - 인물의 관점 적용하기
- 학습 목표: 학습한 이야기를 인물의 관점에 적용해 생각할 수 있다.
- 학습 내용: 학습한 이야기를 각 인물의 관점에서 생각해 보게 한다.
  비슷한 이야기 구조를 가진 한국과 베트남의 인물은 어떤 차이점을 보이고 있는가?

① <콩쥐 팥쥐>와 <떰 깜>
한국: 계모, 콩쥐, 팥쥐, 콩쥐 남편, 동물들의 입장
베트남: 계모, 떰, 깜, 태자, 부처님의 입장

② 한국·베트남 <선녀와 나무꾼>
한국: 나무꾼, 선녀, 사슴, 어머니의 입장
베트남: 나무꾼, 선녀, 할머니 선녀, 옥황상제, 아이의 입장

③ <바보 온달과 평강공주>와 <주동뜨>
한국: 바보 온달, 평강공주, 평강왕, 온달 어머니의 입장
베트남: 주동뜨, 띠엔융 공주, 홍브엉왕의 입장

- 활동 자료: 상황 자료를 주고 각 인물의 감정을 이입해 역할극을 할 수 있다. 이때 각 인물의 얼굴 그림이나 특징적인 소품을 사용할 수 있다. <입장을 바꿔 생각을 해 봐~> 등의 주제로 '내가 이야기의 인물이라면'을 가정하여 각 이야기의 인물이 되어 역할극을 대본으로 만들 수 있다.

3. 문화 비교 단계 – 가치관과 문화 현상 비교

- 학습 목표: 한국과 베트남의 설화를 통해 알 수 있는 가족관, 결혼관, 세계관 등과 같은 가치관이 담긴 관념문화를 알 수 있게 한다. 이를 현대 사회 현상과 관련해 토론할 수 있다.
- 학습 내용: 가족의 역할과 결혼의 조건, 현세, 내세 등 자기 나라에서 중요하게 생각하는 가치와 한국의 경우를 비교하게 한다. 그리고 두 나라간 가치의 공통점과 차이점을 발견하게 한다.

① <콩쥐 팥쥐>와 <떰 깜>

공통점 찾기: 혈연중심 가족주의 문화, 권선징악, 중개 문화 등

차이점 찾기: <콩쥐 팥쥐> 계모의 학대(한국 옛이야기에 가족구성원으로서 계모의 잘못된 역할에 대한 경계를 과장한 계모형 설화가 많다), 가족의 화합 강조

<떰 깜> 부부의 화합 강조(베트남에서 '쩌우까우'는 부부 화합의 상징으로 <떰 깜>의 모티프로도 등장한다), 가족의 결합력과 소통의 중요성을 상징하는 <쩌우까우의 유래> 이야기를 함께 생각할 수 있다.16)

현대적 적용: 현대 사회 다양한 가족구성원의 일례를 학습하고 재혼 가정에서 갈등 상황과 문제점 등을 토론한다. 한국과 베트남의 현재 상황에 대해 이야기할 수 있다.

한국과 베트남에 있는 중개 문화의 현대적 예를 말해 보게 한다.

② 한국·베트남 <선녀와 나무꾼>

공통점 : 결혼의 계기, 결혼 생활, 유래담

차이점 : 한국 <선녀와 나무꾼> 아이, 어머니 등 가족이 서사에 영향. 베트남 <나무꾼과 선녀> 나무꾼과 선녀 부부 이야기에 초점

현대적 적용: 결혼의 조건과 결혼 생활에서 중요한 것이 무엇인지 생각해 본다. 이와 관련하여 현재 한국과 베트남 사람들의 결혼관에 대해 토론하게 한다. 그리고 현재의 관점에서 한국의 이야기에 나타난 나무꾼 어머니 모티프와 관련해 나무꾼의 행동에 대해 토론한다. 이때 효와 관련한 주제로 토론할 수 있다.

---

16) 베트남의 결혼 풍속에서 부부의 화합과 가족의 소통을 상징하는 쩌우까우(빈랑 열매)는 중요성이 아주 크다. 한국의 경우 결혼식이 끝나고 폐백을 드릴 때 다산을 기원하는 의미로 신부의 치마폭에 대추와 밤을 던진다.

③ <바보 온달과 평강공주>와 <주동뜨>

공통점: 공주와 미천한 남자의 결혼

차이점: <바보 온달과 평강 공주> 현세에서 두 사람의 결합이 가능. 결말에서 온달의 죽음은 슬픔의 정서로 인식되어 전설의 장르가 된다. <주동뜨> 천상에서 두 사람이 결합한다.

결말에서 두 사람이 하늘로 올라가는 설정은 낭만적 사랑의 정서로 인식되며 베트남에서 다양한 예술 장르로 활용된다.

현대적 적용: 현세와 내세 중에 자신이 가치를 두는 세계관에 대해 이야기한다. 한국인의 현세관과 베트남의 내세관이 어떻게 다른 정서를 형성하는지 토론할 수 있다.

- 활동자료: 동영상 자료로 한국의 계모형 설화 <접동새 설화> 등과 베트남의 <쩌우까우 이야기> 등을 심화 자료로 쓸 수 있다. <선녀와 나무꾼>의 경우 다양한 문화콘텐츠로 활용되는 예를 보여줄 수 있다. 그리고 <바보온달과 평강공주>와 <주동뜨>는 두 이야기의 동영상 자료를 통해 서로 다르게 느껴지는 정서를 비교해 볼 수 있다.

4. 자기표현 단계 : 경험 활용해 표현하기

- 학습목표: 학습자는 한국과 베트남의 문화를 인지하고 이를 자신의 경험과 연관시킬 수 있다. 학습한 이야기와 관련한 가족이야기, 결혼이야기, 사랑이야기 등을 자신의 이야기로 연관시킬 수 있다.

- 학습내용

① <콩쥐 팥쥐>와 <떰 깜> 자신이 경험한 베트남의 가족과 한국의 가족이야기를 통해 자신이 생각하는 가족 화합의 방법과 가족구성원으로

서 역할을 이야기한다.

② 한국·베트남 <선녀와 나무꾼> 비자발적 결혼이 결혼 생활에 미치는 영향에 대해 생각해 보고 이와 관련된 사례들을 이야기한다.

③ <바보 온달과 평강공주>와 <주동뜨> '현실에서 평강공주 되기'와 '천상에서 낭만적 사랑하기'라는 주제를 자신의 이야기로 구성하게 한다.

- 활동자료: 가족사진, 결혼사진, 편지나 개인 홈페이지를 통해 자신의 이야기를 표현하는 방식을 도울 수 있다. 논의가 다른 방향으로 흐르지 않게 논점을 잘 파악하게 해야 한다.

5. 내면화 단계: 문화적 소통과 자기 표현하기

- 학습 목표: 학습자는 자신의 이야기를 정리하여 자신이 생각하는 가족관과 결혼관, 현세와 내세관을 표현할 수 있다. 한국과 베트남의 문화적 소통과 함께 자신의 이야기를 표현하는 능력을 함양할 수 있다.
- 학습 내용: 여러 형태의 활용 학습이 가능하다. 우선 각 설화와 관련한 주제를 통해 자신의 경험을 반추하여 한 편의 완결된 글을 쓸 수 있다. 또한 한국과 베트남 설화에 내재된 가치를 비교 문화적 관점에서 현대적으로 해석하여 이야기책으로 만들어 볼 수 있다.
- 활동자료: 실제로 결혼이주여성이 자신의 자녀들을 위해 직접 한국과 자기 나라의 문화를 비교해 교재를 만든 사례를 주목할 수 있다.17) 이와 관련해 설화를 통한 가치관의 현대적 해석을

한 편의 작품집으로 만들 수 있다.

이러한 한국과 베트남의 이야기 비교를 통한 가치문화의 학습 방법은 결혼여성이주자들에게 한국 사회의 구성원으로서 원활한 문화적 소통을 가능하게 한다. 설화를 통한 가치관 학습은 결혼이주여성의 상호 문화적 이해와 자신의 이야기 표현 능력을 가능하게 할 것이다. 결혼이주여성들의 자기 내러티브 능력의 향상은 현재 상황에서 생각해 볼 수 있는 자신의 정체성 형성과 함께 자아실현을 위한 표현 학습을 이끌 수 있을 것이다.

4. 결론

한 나라의 문화를 이해한다는 것은 그 나라의 집단적 가치관과 사고방식, 풍습 등을 이해한다는 것이다. 예로부터 전해오는 이야기 속에는 그 민족의 정신문화와 생활문화가 모두 담겨져 있다. 이 글은 한 나라의 집단 내러티브를 대표하는 설화라는 이야기 형식에 주목하여 한국과 베트남의 설화를 비교하였다. 한국과 베트남의 설화를 비교하는 것은 두 나라의 집단 내러티브에 내재한 문화를 읽어내는 작업이다.

이 글은 베트남 결혼여성이주자를 대상으로 한국과 베트남의 설화 학습을 통해 설화에 내재된 가족관과 결혼관, 세계관과 정서를 교육함으로써 결혼여성이주자들의 자기 표현 능력을 향상시키는데 목적을 두고 있다.

연구 방법으로 문화에는 그 문화만이 지니는 개별성과 모든 문화에 공통적으로 나타나는 보편성이 있음을 고려하여 가족과 관련된 보편 유형

---

17) 생각나무BB센터, 『우리는 하나 - 이웃 언어·문화 알기』 몽골편·중국편, 2011.
　　이 교재는 몽골과 중국의 결혼이주여성들이 자신들의 자녀 교육을 위해 몽골과 중국의 생활 문화 중심으로 나라별로 교재를 집필하고 제작한 사례이다.

의 설화로 한국과 베트남의 신데렐라형 설화와 선녀와 나무꾼형 설화를 추출하여 비교하였다. 한국의 <콩쥐 팥쥐>와 베트남의 <떰 깜>, 한국과 베트남의 <나무꾼과 선녀> 설화, 한국의 <바보온달과 평강공주>와 베트남의 <주동뜨>가 대상 설화이다. 학습 대상이 결혼이주여성들임을 감안할 때 이 설화들은 한국과 베트남의 가족관, 결혼관, 세계관과 정서 학습에 용이하기 때문에 이에 대한 학습 방안을 제시하였다. 학습 방안의 궁극적인 목표는 결혼여성이주자들이 한국과 베트남의 관념 문화를 비교하면서 자신의 내러티브로 표현 능력을 향상하게 하는 것이다. 한국과 베트남의 설화를 통한 비교 학습은 문화 상대주의적인 관점에서 학습자의 문화에 정서적으로 친숙하게 다가갈 수 있게 한다. 그리고 이야기를 통한 문화 접근은 궁극적으로 결혼이주여성들의 자기 내러티브의 형성과 자신의 정체성 형성에 기여할 수 있을 것이다.

참고문헌

- 1차 자료 -

조희웅, 『구비문학대계』, 1980, 한국정신문화연구원.

권순우 편역, 『한 권으로 읽는 한국의 민담』, 2006, 송원.

최인학·엄용희 편저, 『옛날이야기꾸러미 1』, 2003, 집문당.

홍태한 외, 『한국구전설화집 8』, 2003, 민속원.

무경 엮음, 박희병 옮김, 『영남척괴열전 - 베트남의 신화와 전설』, 2000, 돌베개.

완서 지음, 박희병 옮김, 『전기만록 - 베트남의 기이한 옛이야기』, 2000, 돌베개.

- 2차 자료 -

1. 단행본

김해옥, 『외국인을 위한 한국문화 읽기』, 2010, 에피스테메.

박영순, 『외국인을 위한 한국문화론』, 2006, 한림출판사.

강현석 외, 『내러티브, 인문과학을 만나다』, 2009, 학지사.

(원저: Donald E. Polkinghorne, *Narrative knowing and the human sciences*, 1988, Albany:
State University of New York Press)

모경환 외, 『다문화교육 입문』, 2008, 아카데미프레스.

(원저: Banks, James A., *(An) introduction to multicultural education*, 4th ed, 2008, Seattle,
WA: University of Washington)

박용구, 『이문화간 커뮤니케이션』, 2005, 커뮤니케이션북스.

(원저: 異文化間コミュニケーション入門, 西田ひろ子 編, 2000, 大阪: 創元社)

여건주, 『민담 형태론』, 2009, 지식을만드는지식.

(원저: Propp, Vladimir IAkovlevich, *Morphology of the folktale*, Translated by Laurence
Scott [and] with an introd. by Svatava Pirkova-Jakobson, 1895-1970, Austin:
University of Texas Press)

정동빈 외, 『문화교육』, 2004, 경문사.
(원저: Patrick R. Moran, *Teaching culture: perspectives in practice*, 2001, Australia: Heinle & Heinle / Thomson Learning)
차재호·나은영, 『세계의 문화와 조직』, 1995, 학지사.
(원저: Greet Hofstede, *Culture and organizations: Software of the mind*, 1994, London; New York: HarperCollinsBusiness)

2. 논문
김혜진, 「설화를 활용한 자기 성찰적 글쓰기 교육 연구」, ≪고전문학과 교육≫, 제22집, 2011.
문부자, 「설화를 통한 통합적 수업방안: 중급 단계를 대상으로」, 한양대학교 석사학위논문, 2004.
박연관, 「'나무꾼과 선녀'와 'A Chuc Chang Nguu' 비교 연구」, ≪한국베트남학회≫, 제6권, 2005.
양민정, 「민담을 활용한 한국어 문화교육 방안 연구」, ≪국제지역연구≫ 제12권, 2009.
_____, 「결혼이주여성 교육을 위한 한국 설화의 여성성 연구」, ≪세계문학비교연구≫ 제33집, 2010.
_____, 「나무꾼과 선녀형 설화의 비교를 통한 다문화 가정의 가족의식 교육 연구」, ≪국제지역연구≫ 제15권 제4호, 2012.
이명현, 「다문화시대 이물교혼담의 해석과 스토리텔링의 방향」, ≪우리文學硏究≫ 제33집, 2007.
원진숙, 「삶을 주제로 한 자기 표현적 쓰기 경험이 이주 여성의 자아 정체성 형성에 미치는 영향에 관한 한국어 쓰기 교육 사례 연구」, ≪작문연구≫ 제11집, 2010.
장미영, 「여성결혼이민자의 자기정체성 형성을 위한 한국문화교육 방안」, ≪韓國言語文學≫ 제64집, 2008.
전혜경, 「한국, 베트남 설화에 나타난 여성상 및 기층의식 비교-한국의 <콩쥐 팥쥐>와 베트남의 <떰 깜> 비교를 중심으로」, ≪베트남연구≫ 제9호, 2009.
전혜경·김근태, 「다문화사회의 이해를 위한 한국-베트남 설화에 나타난 민족성 비교 연구」, ≪東아시아古代學≫ 제23집, 2010.

최귀묵, 「월남 므엉(Muong)족의 창세서사시」, ≪口碑文學硏究≫ 제11집, 2000.

한국언어문화교육학회, 「비교·대조를 통한 언어문화교육」, 제6차국제학술대회자료
  집, 2012.

William R. Bascom, *Four Functions of Folklor,* ≪the Journal American Folklore≫ vol.67,
  1954.

베트남 익스프레스 http://cafe.daum.net/hanveitpeace

올리볼리 그림 동화 http://ollybolly.org/

조수진

고려대학교 국어국문학과 석사(현대문학 전공)
한국외국어대학교 국어국문학과 박사(외국어로서의 한국어교육학 전공)
성균관대학교 학부대학 초빙교수
한국외국어대학교 강사, 고려대학교 강사

외국인을 위한 한국 문학 교육 방법

초판 1쇄 인쇄 2018년 1월 17일
초판 1쇄 발행 2018년 1월 26일
저   자 조수진
펴낸이 이대현
편   집 홍혜정
표지디자인 홍성권

펴낸곳 도서출판 역락
주   소 서울시 서초구 동광로 46길 6-6 문창빌딩 2층
전   화 02-3409-2058, 2060
팩   스 02-3409-2059
등   록 1999년 4월 19일 제303-2002-000014호
이메일 youkrack@hanmail.net
역락블로그 http://blog.naver.com/youkrack3888

ISBN 979-11-6244-109-1 93370

* 사전 동의 없는 무단 전재 및 복제를 금합니다.
* 파본은 구입처에서 교환해 드립니다.
* 책값은 뒤표지에 있습니다.

이 도서의 국립중앙도서관 출판예정도서목록(CIP)은 서지정보유통지원시스템 홈페이지(http://seoji.nl.go.kr)와
국가자료공동목록시스템(http://www.nl.go.kr/kolisnet)에서 이용하실 수 있습니다.(CIP제어번호: CIP2018001638)